Beltz Taschenbuch 844

W0049575

Über dieses Buch:
Bei unseren Kindern scheint eine Epidemie ausgebrochen zu sein: die Aufmerksamkeitsdefizit-/Hyperaktivitätsstörung – eine Diagnose, wie sie je nach Auslegung auf fast ein Drittel der Kinder der technisierten Welt zuzutreffen scheint. Aber was steckt dahinter? Genetische Defizite oder Hirnstörungen, die man am besten mit Psychostimulanzien wie Ritalin behandelt? Aber wenn genetisch bedingt, warum wird das ganze Ausmaß dieser »Krankheit« erst jetzt deutlich?
Die Autoren dieses Buches orten denn auch die Gründe, weshalb viele unserer Kinder unter den Symptomen leiden, die als »ADS« zusammengefasst werden, eher in unserer Gesellschaft. Kinder, die mit immer mehr optischen Reizen überflutet werden, denen immer weniger Bewegungsmöglichkeiten geboten und deren Phantasie und »innere Bilder« von den Medien gestohlen werden, reagieren einfach so, wie es das »Krankheitsbild« ADS umschreibt. Und sie reagieren auf das, was ihnen da angeboten wird, durchaus »gesund«, weshalb eine Therapie auch am besten dort ansetzt, wo ADS entsteht, nämlich in der nächsten Umgebung des betroffenen Kindes.
Eingehend auf das Wechselspiel biologischer und sozialer Faktoren, geht es Heidrun und Eckhard Schiffer im Wesentlichen darum, wie den ADS-Symptomen präventiv begegnet werden kann. Ihre Vorschläge reichen von ganz einfachen Mitteln wie der »Gutenachtgeschichte« über die sinnvolle Einrichtung des Kinderzimmers bis hin zu einem adäquat-vorbeugenden Unterricht in der Grundschule – Möglichkeiten, das Problem an der Wurzel zu packen, statt Medikamente zu verordnen, was den Autoren, wenn überhaupt, nur im Einzelfall sinnvoll erscheint.

Die Autoren:
Dr. Eckhard Schiffer, ist Chefarzt der Abteilung für psychotherapeutische Medizin und Psychosomatik am Christlichen Krankenhaus Quakenbrück. Er ist analytisch orientierter Psychotherapeut und hat zusätzlich ein philosophisches Studium absolviert.
Im Beltz Verlag erschienen auch seine Bücher »Warum Huckleberry Finn nicht süchtig wurde – Anstiftung gegen Sucht und Selbstzerstörung bei Kindern und Jugendlichen«, »Warum Hieronymus B. keine Hexe verbrannte – Gewaltbereitschaft bei Kindern und Jugendlichen erkennen – Gewalt vorbeugen«, »Der kleine Prinz in Las Vegas – Mit spielerischer Intelligenz den Herausforderungen unserer Zeit begegnen« und »Wie Gesundheit entsteht – Salutogenese: Schatzsuche statt Fehlerfahndung«.
Heidrun Schiffer ist Grundschullehrerin. Sie engagiert sich besonders für einen kreativen Kunstunterricht, der die schöpferische Kraft jedes einzelnen Kindes mit berücksichtigt.

Eckhard Schiffer · Heidrun Schiffer

Nachdenken über Zappelphilipp

ADS: Beweg-Gründe und Hilfen

Besuchen Sie uns im Internet:
www.beltz.de

Abbildungsnachweis:
Umschlagrückseite: Gemeinschaftsarbeit (Ausschnitt) einer 4. Klasse,
Grundschule Am Langen Esch, Quakenbrück

Seiten 56, 59, 67, 68, 80: Arbeiten aus dem 1. und 2. Schuljahr,
Grundschule Am Langen Esch, Quakenbrück.

Beltz Taschenbuch 844

1 2 3 4 5   06 05 04 03 02

© 2002 Beltz Verlag, Weinheim und Basel
Umschlaggestaltung: Federico Luci, Köln
Umschlagabbildung: © Getty Images Deutschland
Satz: Mediapartner Satz und Repro GmbH, Hemsbach
Druck und Bindung: Druckhaus Beltz, Hemsbach
Printed in Germany

ISBN 3 407 22844 9

Inhaltsverzeichnis

I
»Am Ende«

Endzeitstimmung herrschte bei Florians Mutter, als ihr ältester Sohn am Ende des ersten Schuljahres angelangt war. Mit bangen Erwartungen hatte sie bereits dem Tag der Einschulung entgegengesehen – von den Erzieherinnen im Kindergarten vorgewarnt. Florian war ein typischer Zappelphilipp: Im Schulbus – nein schon an der Haltestelle – geht der Ärger mit den Schulkameraden jeden Morgen los. Mehr oder minder zufällige Rempeleien, gezielte Tritte, Gezeter … Mit Getöse kommt Florian in die Klasse, stolpert über eine Schultasche, deren Inhalt über den Fußboden geschleudert wird … Im Unterricht kippelt Florian gefährlich mit seinem Stuhl, findet sein Lesebuch nicht und greift sich, ohne zu fragen, das seines Nachbarn, als er vorlesen soll. Was er lesen soll, hat er aber nicht mitbekommen. In seinem Ranzen fehlen Hefte und Bücher. Die noch vorhandenen sind zerfleddert und schmuddelig. Seine vor kurzem angeschafften Buntstifte sind zerbrochen, auch hier fehlt bereits die Hälfte. Mit dem Ertönen des Pausenzeichens springt Florian vom Stuhl auf, der umkippt, stürzt als Erster aus der Klasse, ohne auf das zu achten, was die Lehrerin noch zu sagen hat. In dem darauf folgenden Kunstunterricht gibt er nach zehn Minuten als Erster sein hastig angefertigtes Bild ab: »Was soll ich jetzt machen …?«

Florians Mutter hat mit der Lehrerin wöchentliche Rücksprachen vereinbart. Mit zunehmendem Grausen greift sie zum Telefonhörer und erfährt von der aufgebrachten Lehrerin die neuesten Schandtaten ihres Sohnes: Ein Kind sei im Sportunterricht wegen seiner Impulsivität gestürzt, habe sich die Hände und Knie aufgeschlagen.

Die Beziehung zu ihrem Sohn wird immer gespannter. Wenn sie Empfehlungen wie Geduld, Gelassenheit und Liebe hört, mit denen man dem Kind begegnen müsse, kommen in ihr Schuldgefühle, Wut und Verzweiflung auf. Mit ihrem Mann kann sie nicht darüber sprechen. Der hat sich schon lange aus diesem Problem »ausgeklinkt«. Die Gesprächsserie bei der Beratungsstelle hat sie hinter sich, ohne dass es ihr »etwas gebracht hätte«. Ebenso ging es mit der Ergotherapie für Florian, auf die sie große Hoffnungen gesetzt hatte, die aber nur anfänglich nach Erfolg aussah. Später wiederholte sich bei der Ergotherapie nur das, was sie schon aus der Schule kannte. Florian scheint immer das Gefühl zu haben, etwas zu verpassen. Immer das Nächste, immer das Neueste, immer das, was gerade nicht dran ist, zieht seine Aufmerksamkeit auf sich, um dann im nächsten Augenblick wieder von ihm fallen gelassen zu werden …

Die Gefühle, die Florians Mutter ihrem Sohn gegenüber hat, sind vorwiegend negativ. Sie ist froh, wenn sie ihn nicht sieht – und erschrickt über ihre eigene Ablehnung, wenn ihr diese bewusst wird. Sie hat dann ein schlechtes Gewissen, weint, versucht die Tränen vor ihrem jüngsten Sohn und ihrer Tochter zu verbergen. Sie schläft schlecht und alle Lebensfreude ist dahin. Beruhigungsmedikamente, die ihr der Hausarzt für sie selbst verordnet hat, will sie aber auf Dauer dann nicht mehr nehmen. Sie hat auch gemerkt, dass sie darunter nur noch lethargischer wurde. Wie es weitergehen soll, weiß sie nicht.

In dieser Situation hört sie von einem Medikament, das

bei Erwachsenen als »Aufputschmittel« wirkt, bei den meisten hypermotorischen und unaufmerksamen Kinder aber sehr hilfreich sein soll, sodass die Kinder sich in einer guten Weise in die Schule und andere Aufgabenbereiche ihres Alltages einordnen können. Florians Mutter zögert noch, allerdings ist ihr Leidensdruck schon so stark, dass sie ihn kaum ertragen kann ...

Als Florians Mutter mit ihrer Freundin Elke darüber spricht, schlägt diese die Hände über dem Kopf zusammen: »Mit einer Chemiekeule Florian zur Ruhe zwingen, das wäre wohl das Letzte! Und mit demselben Zeug sollen unsere verträumten Kinder aufgeputscht werden, damit sie besser aufpassen – da stimmt doch was nicht! Das ging doch früher auch ohne dieses Zeug ...« Die Arbeitskollegin von Florians Mutter, Sandra, vertritt die gegenteilige Meinung – genauso heftig: »Das ist doch völlig klar, das ist eine genetisch bedingte Störung. Man weiß doch heute, dass da ein Botenstoffmangel im Gehirn besteht. Die Psychofritzen haben das nur noch nicht kapiert. Und wenn es ein Medikament gibt, das nachweislich bei Kindern keinen Schaden anrichtet, dann solle man es Florian auch geben ...«

Wenig später kommt Florians Mutter mit ihrem Hausarzt ins Gespräch, als sie sich »etwas Pflanzliches« gegen ihre Schlafstörungen verschreiben lassen will. Der Hausarzt kennt auch Florian, war aber über dessen schulische Katastrophe nur teilweise informiert. Als Florians Mutter ihm davon erzählt, verliert sie die Fassung, schüttelt sich – als Mutter sei sie eine Versagerin ... Dabei habe sie doch so sehr darauf gehofft, mit ihren Kindern eine Erfüllung in ihrem Leben zu finden ...

Für sie war es selbstverständlich gewesen, während der Schwangerschaft nicht zu rauchen und kaum Alkohol zu trinken. Sie hatte schon gewusst, dass dies insbesondere für eine gesunde Entwicklung des kindlichen Gehirns wesentlich ist. Dennoch hatte ihr Florian sich zu einem unaufmerksamen, überaktiven und impulsiven Kind entwickelt – mit dem dazugehörigen »Katastrophenalltag«.

Von ihrem Hausarzt hört Florians Mutter, dass in *dieser* Situation, in der es offensichtlich kein Vor und Zurück gebe, schon gerechtfertigt sei, ein Medikament zu geben. Dieses Medikament – an erster Stelle das »Ritalin« – unterliege zwar dem Betäubungsmittelgesetz, könne aber bei kontrollierter Verordnung und gleichzeitiger Psychotherapie helfen. Eine Suchtgefahr sei bei hypermotorischen Kindern, die dieses Medikament bekämen, nicht gegeben.

Über einen Kinder- und Jugendarzt bekommt Florian das Medikament verschrieben. Und tatsächlich – nach verhältnismäßig kurzer Zeit ist Florian nicht wieder zu erkennen. Er ist deutlich weniger hampelig, kann sich einordnen, leidlich konzentriert arbeiten. Florian erweist sich nun als ausgesprochen liebenswürdiges Kind. Seine Mutter bekommt nach ihren eigenen Worten »eine völlig neue Beziehung« zu ihm und die Lehrerinnen in der Schule atmen auf.

Gelegentlich plagen Florians Mutter Zweifel: Darf ich dem Kind das Medikament geben? Heimliche Auslassversuche zeigen aber, dass die alte Hampeligkeit sich schnell wieder einstellt. Also gibt sie ihm das Ritalin wieder in der Hoffnung, dass Florians Gehirn darunter – wie der Hausarzt sagte – nachreifen könnte.

Florian selbst geht es mit dem Ritalin deutlich besser. Er hat mehr Kontakte, wird sogar wieder zu den Geburtstagsfeiern seiner Klassenkameraden eingeladen und scheint insgesamt mehr Spaß am Leben zu haben. Wenn auch vordem die Betroffenheit auf drastische Ermahnungen hin nie länger als fünf Minuten angehalten hatte – »als hätte man mit ihm nie gesprochen«, so die Lehrerin –, lastete doch die Ablehnung, auf die Florian stieß, ganz massiv auf ihm. Seine Integration nach der medikamentösen Einstellung ist dann für die Mutter auch ein weiteres »starkes Argument«, ihm weiter Ritalin zu geben.

Einen Platz für die ambulante Psychotherapie hat die Mutter bislang für Florian jedoch nicht gefunden. Deswegen empfiehlt der Kinder- und Jugendarzt ihr, noch einmal mit der Beratungsstelle Kontakt aufzunehmen, von der Florian schon zuvor betreut worden ist.

II
Am Anfang: Die vergessenen Fragen

»Albert Einstein litt daran und Winston Churchill (…) In ihrer Kindheit jedoch war die Krankheit noch nicht als Krankheit bekannt und es gab keine Medikamente dagegen. Weshalb man Winston Churchill nach jeder Schulstunde rund um das Schulgebäude rennen ließ, damit er sich austobte.
Inzwischen scheint eine Epidemie ausgebrochen zu sein unter den Kindern der zivilisierten Welt: Aufmerksamkeitsdefizit-/Hyperaktivitätsstörung (ADHS) wird heute ein Phänomen genannt, das Mitte des 19. Jahrhunderts zum ›Zappelphilipp‹ führte, in den 1980er-Jahren als ›Phosphatüberempfindlichkeit‹ galt und im zurückliegenden Jahrzehnt mit Minimale Cerebrale Dysfunktion (MCD) bezeichnet wurde. 2, 6, 10 oder 16 Prozent aller Kinder sind davon betroffen – je nachdem, welchen Experten man dazu befragt. (…) Nur in einer Hinsicht sind sich die Experten einig: Eine Welt, die Kinder mit immer mehr optischen Reizen überflutet und ihnen immer weniger Bewegungsmöglichkeiten bietet, ist ungünstig für Kinder mit einer Neigung zu ADHS.«

Irene Stratenwerth
DIE WOCHE, 31.8.2001

Immer mehr, auch besonnene und in der Verschreibung von psychotropen Medikamenten (Medikamente, die auf die Psyche wirken) zurückhaltende Ärzte verordnen in solch einer Situation, wie sie im vorausgegangenen Kapitel für Florian beschrieben worden ist, Ritalin oder ähnliche Medikamente. Der Leidensdruck, der die ganze Familie zum Patienten werden lässt, ist zu groß. Das heftige Für und Wider einer medikamentösen Therapie in dieser Katastrophenphase von ADS mit Hyperaktivität scheint damit vorerst entschieden zu sein.

Ähnlich ist die Einstellung auch gegenüber einer anderen Form der Aufmerksamkeitsstörung, die vorwiegend bei Mädchen anzutreffen ist. Gemeint ist eine hartnäckige Form von Tagträumerei, die die schulische Entwicklung gleichfalls behindert und wie die Hyperaktivität als genetisch begründete Störung des Neurotransmitterstoffwechsels erklärt wird.

Nicht wenige Lehrer jedoch stehen der medikamentösen Behandlung der Kinder und Jugendlichen, die unter einer Aufmerksamkeitsdefizit- oder Hyperaktivitätsstörung (ADHS) leiden, skeptisch bis ablehnend gegenüber. Dazu stellt Dr. med. Jörg Schriever, Leiter der Abteilung für Kinder- und Jugendmedizin am Kreiskrankenhaus in Mechernich (Eifel), wohl stellvertretend für viele seine Kollegen, fest: »Viele Pädagogen wissen nicht, dass es sich hierbei um eine organische Erkrankung handelt, die auf einen Mangel an Botenstoffen wie Dopamin beruht. Dieser Mangel ist eben nur durch Medikamente zu verbessern.« Und er fährt fort: »Wir halten es daher für dringend geboten, mehr über diese Störung des Hirnstoffwechsels aufzuklären und den Eltern von Träumsusen und Zappelphilippen die notwendige Hilfe angedeihen zu lassen.«[1] Diese Stellungnahme im »Deutschen Ärzteblatt« – dem »Organ der Ärzteschaft«, das jedem Arzt/jeder Ärztin als Ärztekammermitglied fünfzigmal im Jahr zugestellt wird – wurde durch einen weiteren Beitrag in der Folgenummer ergänzt. Vorgestellt wurde in diesem Beitrag der empirische Nachweis einer deutlich höheren Unfallgefährdung von ADS-Kindern. Bei »hypothetisch 916 860 ADHS-Kinder(n) (...) ist das Risiko für Verkehrsunfälle um das Neunfache erhöht. (...) Unfallverhütung ist eine wichtige gesellschaftspolitische Aufgabe und gerade den Schwächsten einer Gemeinschaft gegenüber eine unabdingbare Verpflichtung. Die adäquate Behandlung einer genetisch determinierten Stoffwechselstörung darf nicht nur die psychosozialen Auswirkungen fokussieren.«[2] Weiterhin heißt es in diesem Beitrag: »Ein interessanter Nebenbefund dieser Studie konnte den Einfluss der Pharmakotherapie auf das Unfallrisiko zeigen. Bei den Mitgliedern der Untersuchungsgruppe, die nie eine medikamentöse Therapie erhalten hatten, war die Unfallrate am höchsten.«

Die Sprache dieses nicht weiter kommentierten Beitrages im Deutschen Ärzteblatt ist eindeutig: Eine genetisch determinierte Stoffwechselstörung, die bei so vielen Jugendlichen ein so deutliches Unfallrisiko mit sich bringt, bedarf zwingend der Behandlung. Von einer anderen Behandlung als der durch Medikamente ist in diesem Beitrag nicht die Rede.

Zweierlei fällt bei dieser seit mehreren Jahren sehr heftig geführten Diskussion um das Für und Wider von Medikamenten bei ADS besonders auf:

- Es wird kaum gefragt, *warum* ADS und seine medikamentöse Therapie auf einmal so sehr in den Brennpunkt des öffentlichen Interesses gerückt ist;
- es wird wohl um die richtige Therapie gestritten, nicht aber um die Möglichkeiten der Prävention (Vorbeugung) und der Salutogenese (Gesundheitsförderung)[3].

Die erste wissenschaftliche Veröffentlichung zu der positiven Wirkung von Stimulanzien bei hypermotorischen und unkonzentrierten Kindern stammt aus dem Jahre 1937. Damals berichtete der amerikanische Kinderpsychiater Charles Bradley über die therapeutischen Erfahrungen mit unruhigen Kindern im Emma-Pendleton-Bradley-Home in Rhode Island. Diese Kinder hatten allen pädagogischen Bemühungen getrotzt, brachten ihre Betreuer zur Verzweiflung. Bradley, als ärztlicher Leiter des Heimes, gab den Kindern zunächst Beruhigungsmittel, musste aber feststellen, dass die Kinder darunter noch unruhiger, unkonzentrierter und chaotischer in ihrem Verhalten wurden. Von daher schien es ihm plausibel, versuchsweise den umgekehrten Weg zu beschreiten, und er verordnete den Kindern das damals zur Verfügung stehende Stimulans Benzedrin, dessen Wirkung bereits 1935 entdeckt worden war. Bradley beobachtete, dass die Kinder, die dieses Medikament bekamen, eine verblüffende Verbesserung in ihrem Verhalten zeigten. Sie wurden zugänglicher, geordneter, konzentrierter und weniger impulsiv. Seine Erfahrungen publizierte Bradley im November 1937 im »American Journal of Psychiatry«.

Das heute am meisten verordnete Ritalin ist bereits 1944 synthetisiert worden, wurde aber erst 24 Jahre später in den Vereinigten Staaten erfolgreich bei Kindern mit Aufmerksamkeits- und Aktivitätsstörungen eingesetzt. Diese nicht unerhebliche zeitliche Differenz zwischen der Herstellung eines Medikamentes und dessen – nahe liegender – Anwendung könnte als ein Indiz dafür verstanden werden, dass auch in den Vereinigten Staaten seinerzeit – außer in speziellen Heimen – noch kein größerer Bedarf für die Behandlung aufmerksamkeitsgestörter und hyperaktiver Kinder bestand. Zweifellos haben problematische Entwicklungen in den letzten Jahrzehnten unter amerikanischen Kindern und Jugendlichen – die vorerst mit den von ihnen angerichteten Massakern in den 90er-Jahren eskalierten – zu einer starken Beunruhigung in der nordamerikanischen Bevölkerung geführt.

Im deutschen Sprachraum schrieb vor 30 Jahren der Kinderpsychiater Reinhart Lempp zu dem Thema »Leichte frühkindliche Hirnschädigung«: »(Es) fällt bei diesen Kindern (mit leichter Hirnschädigung, E.S.) eine gewisse Divergenz zwischen einem guten (Intelligenz-)Testergebnis und einer schwachen Schulleistung auf, die im Wesentlichen auf eine herabgesetzte Konzentrationsfähigkeit zurückgeht. Die *Konzentrationsschwäche* ist eine Persistenz der im Kleinkindesalter physiologischen ›unwillkürlichen Aufmerksamkeit‹, die normalerweise bis zum Schulalter verschwindet, hier aber noch über längere Zeit nachzuweisen ist (...) Jeder von außen herantretende Reiz kann die Funktion des Ganzen stören und dadurch die Aufmerksamkeit vom Ziel ablenken. Die häufig damit vergesellschaftete *Hypermotorik* ist eine selbstständige Störung, die neben der Konzentrationsschwäche auf die gleiche Ursache, nämlich die leichtgradige frühkindliche Hirnschädigung, zurückgeführt werden muss.«[4] Mit anderen Worten: Es gehört zunächst zur normalen kindlichen Entwicklung dazu, ablenkbar zu sein. Die Aufmerksamkeit steuern, d.h., (sich) konzentrieren zu können und nicht ständig neuen Objekten die Aufmerksamkeit zukommen zu lassen, ist dann ein Kriterium von Schulreife. Diese Reifung kann bei leichter frühkindlicher Hirnschädigung (z.B. durch Sauerstoffmangel während der Geburt) *verzögert* eintreten. Begleitet werde diese Aufmerksamkeitsstörung oft von einer Hypermotorik.

Lempp (1964/70) schrieb weiter, dass die normalpsychologische unwillkürliche Aufmerksamkeitsstörung bei *geschädigten* Kindern andauere, »um oft erst mit der Pubertät zu verschwinden«[5]. In den eher seltenen Fällen, wo dies nicht geschehe, könne Ritalin hilfreich sein.

Anfang der 70er-Jahre war das, was heute als Aufmerksamkeitsdefizitsyndrom mit oder ohne Hypermotorik beschrieben wird, also noch kein öffentliches Thema. Emotional stark besetzt waren damals vielmehr andere medizinische Themen, die öffentlich und kontrovers diskutiert wurden: die »Antibabypille«, die ersten Herztransplantationen und die Antipsychiatrie. Zum Zeitpunkt des medizinischen Staatsexamens des Erstautors im Jahre 1971 war die Ritalintherapie bekannt, aber »kein Thema«. Erst Mitte bis Ende der 90er-Jahre wurden dieses Störungsbild und die Ritalintherapie von den bekannten Wochenmagazinen wie »Spiegel«, »Focus«, »Newsweek« und »Time-Magazine« aufgegriffen. In der Fachzeitschrift »Der Nervenarzt« erschien von K.-H. Krause, J. Krause und G.-E. Trott im Juli 98 ein Aufsatz, der sich mit dem Andauern der Aufmerksamkeits-/ Hyperaktivitätsstörung in das Erwachsenenalter hinein beschäftigt. In der Zusammenfassung dazu heißt es: »Das Krankheitsbild des hyperkinetischen Syndroms oder der Aufmerksamkeitsdefizit-/Hyperaktivitätsstörung beim Erwachsenen ist im deutschsprachigen Raum wenig bekannt. Es ist davon auszugehen, dass etwa ein Drittel der betroffenen Kinder Symptome auch im Erwachsenenalter zeigt. (...) Ätiologisch (krankheitsursächlich, E.S.) ist eine genetische Ursache wahrscheinlich.«

Vorgängig zu der Ritalintherapie dieses Störungsbildes und seiner genetischen Begründung war bereits Ende der 80er-/Anfang der 90er-Jahre besonders in medizinisch interessierten Laienkreisen die Frage diskutiert worden, ob eine »phosphatarme Diät« bei dieser Störung hilfreich sein könnte.

Während Lempp vor allem die *Wechselwirkung* zwischen frühkindlicher Beeinträchtigung durch eine leichte organische Hirnschädigung mit dem psychosozialen Umfeld für

das weitere Schicksal des Kindes als bedeutsam ansah, geht
es sowohl bei der Phosphat-Hypothese wie bei der jetzt im
Vordergrund stehenden genetisch begründeten Störung im
Transmitterstoffwechsel um eine scheinbar isoliert zu be-
trachtende körperliche Verursachung, bei der psychosozio-
kulturelle Momente keine Rolle zu spielen scheinen. Jeden-
falls wird im Hinblick auf die Entstehungsgeschichte kaum
danach gefragt – eher dann, wenn es um die Folgen geht.
Untergründig scheint die Überlegung mitzuschwingen, dass
eine Stoffwechselstörung, die mit einer Diät oder einem Medikament behandelbar ist, in ihrer vielleicht genetischen Begründung psychosozial nicht beeinflussbar und damit auch
nicht entsprechend zu verantworten ist. Dies führt zunächst
zu einer Entlastung der Eltern (was im Übrigen auch nach
Ansicht der beiden Autoren wünschenswert ist!). Anderer-
seits führt dies zu einem »Weiter so« in unserem Lebensstil
– was zumindest *fragwürdig* ist. Womit allerdings nicht gemeint ist, den Eltern aufmerksamkeitsgestörter Kinder nun
den schwarzen Peter wieder zuzuschieben.[6] *Vielmehr geht*
es darum, sich auf eine »Schatzsuche« zu begeben, d.h. um
die Frage, was wir gemeinsam in salutogenetischer (gesund-
heitsförderlicher) und präventiver (vorbeugender) Hinsicht
für Kinder und ihre Eltern bewerkstelligen können, damit
dieses Störungsbild erst gar nicht auftaucht bzw. mit ande-
ren, »sanfteren Mitteln« behoben oder verbessert werden
kann. ADS mit oder ohne Hypermotorik wäre dann nicht
nur Ausdruck eines individuellen genetischen Schicksals,
sondern auch Warnsymptom einer gesamtgesellschaftlichen
Veränderung. Einen ähnlichen Ansatz vertritt auch Reinhart
Lempp in seinem 1996 erschienenen Buch »Die autistische
Gesellschaft. Geht die Verantwortlichkeit für andere verloren?«. Bereits 1981 hatte Lempp in einem Aufsatz über

den Rückzug der Sprache auf die damit verknüpften Störungen sowie die verstärkten aggressiven Verhaltensweisen von Kindern infolge des zunehmenden Fernsehkonsums aufmerksam gemacht und eine daraus sich ergebende gesamtgesellschaftliche Verantwortung angemahnt.[7]

In einem 1982 erschienenen Aufsatz haben auch die beiden Autoren dieses Buches einen möglichen Zusammenhang zwischen technisch-medial veränderter Kinderwelt und Schulstörungen thematisiert. Auf diesem Aufsatz beruht das nächste Kapitel.

III
Die Welt nicht mehr »begreifen« können: Lernstörungen bei Kindern

So sah der Anfängerunterricht in Kunst Ende der 60er-Jahre des zurückliegenden Jahrhunderts aus: 35 Schüler sitzen leidlich konzentriert vor ihren Tuschkästen, Wassergläsern und Malblöcken. Der Umgang mit Farbe und Pinsel ist für die Kinder kein besonderes Problem, mutig wird gemischt und die Farbe auf die große, noch weiße Fläche gebracht.

Die entsprechende Situation 15 Jahre später bei nur 25 Schülern: Es herrscht erhebliche Unruhe, die Schüler kämpfen streckenweise regelrecht mit dem Chaos um sie herum. Ein konzentriertes Arbeiten ist erst nach Wochen der Auseinandersetzung um die Art und Weise des Kunstunterrichtes möglich.

Die Wochen vor dem Abitur am Gymnasium einer Kleinstadt, ebenfalls Ende der 60er-Jahre: Drogen und Alkoholprobleme der Schüler sind eher exotische Vorkommnisse, Suizidversuche von Schülern kommen vor, sind aber selten. Auch hier hat sich 15 Jahre später eine grundlegende Wandlung eingestellt: Für mindestens zehn Prozent der Abiturienten sind Drogen und Alkohol – trotz eingehender Drogen-»Aufklärung« – ein gesundheitliches Problem; die Suizidversuche vor dem Abitur haben in einem erschreckenden Umfang zugenommen.

Was wird anhand dieser beiden Situationen deutlich? Ganz pauschal und banal zunächst dies: Bereits Anfang der

80er-Jahre des vergangenen Jahrhunderts zeigte ein deutlich größerer Teil der Schüler im Unterricht auffällige Symptome als noch in dem Schulunterricht 15 Jahre zuvor. Sind Schul-»Stress« und zunehmender Leistungsdruck die Gründe? Vielleicht. Auffällig jedoch, dass bereits damals schon lern- und lehrstörende Unruhe und Unkonzentriertheit auch in den unteren Klassen – trotz verringerter Schülerzahl – den Anfängerunterricht für manchen Kollegen zum Graus werden ließen. Die Kinder zeigten sich schon bei Schuleintritt im Hinblick auf Konzentrations- und Zuhörfähigkeit überfordert. Was war für einen Sechsjährigen in den 60er-Jahren noch anders, sodass er damals bezüglich seiner Konzentrationsfähigkeit besser mit der Schulsituation fertig werden konnte als 15 bis 20 Jahre später?

Voraussetzung für die Schulfähigkeit eines Kindes ist, dass Denken und Sprechen logisch orientiert sind. Wünsche können auf ihre Realisierbarkeit annäherungsweise überprüft, ebenso auch Vor- und Nachteile einer unmittelbaren Wunschbefriedigung gegeneinander abgewogen werden (so genannte *sekundärprozesshafte* Denk- und Verhaltensweisen). Die Erlebens- und Ausdrucksmöglichkeiten des Kleinkindes unterscheiden sich davon deutlich. Hier gelten weder Widersprüche noch zeitliche oder räumliche Koordinaten: Vergangenheit, Gegenwart und Zukunft liegen auf einer Ebene, Entfernungen sind aufgehoben (so genannte *primärprozesshafte* Verhaltensweisen).

Das Kleinkind prüft Wünsche nicht auf ihre Realisierbarkeit, ist noch nicht dem *Realitätsprinzip* verpflichtet. Versagungen bewirken Wut, Angst, Strampeln und Schreien. In der Begegnung mit der Außenrealität erwirbt das Kind die Modalitäten des Sekundärprozesshaften, das Primärprozesshafte geht zum Teil in den Untergrund unserer Träume und unbewussten Phantasien ein. Auch das Denken und Verhalten der Erwachsenen stellt immer noch eine Mischung von Primärprozesshaftigkeit und Sekundärprozesshaftigkeit dar. Ob es ein gesundes und für unsere psychosoziale Umgebung geeignetes Mischungsverhältnis ist, hängt von unserer Grundkonstitution sowie unserer psychosozialen Erfahrung ab.[1]

Die Begegnung mit der »harten« Realität bedeutet zunächst Angst und Schrecken, die nur durch Geborgenheit vermittelnde Begleitung, etwa durch die Eltern, gemildert werden können.

Geschieht das nicht in ausreichendem Umfang, zieht sich das Kind vor der bedrohlichen Außenrealität zurück in das Reich der tröstenden eigenen Phantasien, wo nichts unmöglich ist, kein Wunsch unerfüllt bleibt. Realitätsbezug und Realitätsgefühl bleiben dann sein Leben lang unzureichend, die Begegnung mit der Welt und auch dem »Du« bleibt von Angst und Misstrauen überschattet.

Uns interessiert jedoch mehr ein weiterer Aspekt: Ein Kind begegnet – in Geborgenheit – der Außenwelt, seine Phantasie prallt zunächst auf die Realität, und es entdeckt, dass es diese Realität verändern kann. Indem das Kind mit Bauklötzen oder Sand spielt, entdeckt es seine Macht, seine Einflussmöglichkeiten auf diese Dinge, die eben mit zu dem ganzen, zunächst so unheimlichen Äußeren gehören. Diese Erfahrung bewirkt zweierlei: Mut zu neuem, weiterem Begreifen und eine Erweiterung der Phantasie durch die Kategorien begriffener Realität im wortwörtlichen Sinne. *In diesem Wechselspiel wird das Kind kreativ.*

Die bewussten und die unbewussten, dem Primärprozess unterworfenen Phantasien können ein enges, nachbarschaftliches Verhältnis zueinander haben, was so manches Wirbeln und Vagabundieren unserer bewusst erlebten Phantasien verständlich werden lässt.

Die Möglichkeit für kreatives Oszillieren zwischen Phantasie und Realität ist auch in der Schule gegeben – sofern diese Realität barmherzig bleibt und nicht durch kultusministeriellen oder elterlichen Ehrgeiz schrecklich wird. Doch die Frage, wann die Realität »Schule« für ein – noch – gesundes Kind krank machend wird, soll uns hier im Augenblick nicht weiter beschäftigen. Unser Interesse gilt der Frage: Was macht unsere Kinder krank, *bevor* sie in die Schule kommen?

Nicht krank sein heißt hier, auf die Wirklichkeit zugehen und zwischen Phantasie und Wirklichkeit pendeln zu können. Das hat aber zur Voraussetzung, die Wirklichkeit als Wirklichkeit, als etwas Polares, außerhalb der Phantasie Liegendes, überhaupt erst wahrnehmen zu können. Es sieht so aus, als wäre das bereits 1982 nicht mehr so selbstverständlich wie Mitte der 60er-Jahre gewesen.

Hier kann eine Ursache für die Lernstörungen vermutet werden.

Ein Kind, das sich in seiner Phantasie mühelos, das heißt ohne *körperliche* Anstrengung, also gleichsam »widerstandslos« bewegt, erfährt eine ähnliche Mühelosigkeit im Umgang mit dem Spielzeugauto, das sich auf einen Knopfdruck hin in Bewegung setzt. Das Gleiche gilt auch für anderweitig technisch durchgestyltes Spielzeug: von der sprechenden Puppe mit »Komplettausstattung« bis zur blinkenden und jaulenden »fliegenden Untertasse«, für den durchmotorisierten Bagger oder Kran und die vollautomatisierte, ferngesteuerte Straßenwalze ... Denn dieses Kind muss nicht seine *eigene Motorik* bemühen, um »etwas in Bewegung zu setzen«. Die primärprozesshaft eingefärbte Kinderwagensituation –

23

Fortbewegung ohne Mühe, Erleben, aber passiv bleiben können – wird auch durch das Auto der Eltern ein garantierter Dauerzustand. Und dasselbe Kind, das sich ein »Tischlein deck dich« phantasiert, sieht, wie die Mutter aus der Tiefkühltruhe mit Hilfe des Mikrogrills ein vollständiges Menü zaubert. Nicht nur, dass das Kind kaum noch erlebt, wie und wo etwa Gemüse wächst, auch dass es dieses mit der Hand anfassen, vielleicht schälen und putzen kann, wird immer seltener.

Medien verändern die Wirklichkeit

Dass bereits Schulanfänger besonders am Wochenende als stille Teilhaber über Stunden am Fernsehkonsum der Eltern beteiligt sind, ist eher die Regel. Viele Kinder haben in diesem Alter auch schon einen eigenen Fernseher. Es ist beängstigend und faszinierend zugleich, zu beobachten, wie in einer selektiven Wahrnehmung der Wohnraum um den Fernseher herum verschwindet oder Letzterer die ganze Realität darstellt, die die Kinder fesselt. Realität? Wenn im Laufe eines Fernsehnachmittags Länder und Kontinente übersprungen werden, Gestern, Heute und Morgen gleichzeitig werden – und all dies mühelos, aber nicht anfassbar, begreifbar –, dann wird der Raum der Realität primärprozesshaft verändert.

Die Phantasie des Kindes begegnet nicht begreifbarer Realität, sondern anonymer Fremdphantasie, die die eigene Phantasie überwuchert. Die ursprüngliche Phantasie mit »Selbsteigenschaften« wird dabei zu einer fremdgestalteten Phantasie, die kraftlos an der Realität zusammenbricht, wenn das Programm zu Ende ist. Die drängelnde Sucht nach dem Fernsehen weist auf das Surrogathafte dieser Befriedigung hin.

Es wird jedoch nicht nur der Fernsehkonsum allein sein, sondern die Vielzahl primärprozesshafter »Wunder-Erlebnisse« – bei gleichzeitiger Verminderung der Möglichkeiten, Realität zu begreifen – zählt, durch die unsere Kinder um die Entfaltung ihrer Kreativität und des Mutes, an die Wirklichkeit verändernd heranzugehen, betrogen werden. Die Unruhe, Langeweile oder auch Chaotik dieser Kinder ist ein beängstigendes Symptom für eine chronische Innenweltzerstörung durch solche Erlebnisse, bei denen, wie »durch ein Wunder«, alles von selbst geschieht.

Was unter psychohygienischen Gesichtspunkten von einer fernsehverkabelten Gesellschaft zu halten ist, die manche Politiker uns als das Mekka der Informations- und Meinungspluralität verkaufen wollen, versteht sich von selbst. Denn gehandelt wird hier mit Drogen, die über eine Minimaldosierung hinaus hochtoxisch sind. Minimaldosierung heißt, dass bis zu einem Alter von acht bis zehn Jahren durchschnittlich eine halbe Stunde Fernsehen täglich noch verträglich erscheint, eine »Höherdosierung« aber zunächst eine Einbettung des Gesehenen in die Realität erfordert, etwa in das Gespräch mit den Eltern über das Gesehene. Als Babysitterersatz oder Beruhigungspille für Kinder, die mit ihrem Bewegungsdrang die Ruhe einer lärmempfindlichen Sozialbauwohnung stören, ist der Fernseher völlig untauglich.

Ein Sturm auf die Technik im Kinderzimmer hilft indes nur wenig. *Bemerkenswert erscheint uns jedoch die häufig gemachte Beobachtung, dass gerade die Kinder mit der größten psychomotorischen Unruhe etwa beim Töpfern sofort ein Höchstmaß an Konzentration und Kreativität realisieren können, das man ihnen vom sonstigen Schulalltag her nicht zugetraut hätte.* Es sieht so aus, als ob bei einer solchen Tätigkeit nahezu idealtypisch das beschriebene Oszillieren zwischen Realität und Phantasie ermöglicht wird.

Entscheidend ist dabei wohl die Unmittelbarkeit des Fühlens, Begreifens und Veränderns, ein Faktum, das in die Überlegungen der klinischen Beschäftigungstherapie bei psychisch erkrankten Patienten schon seit langem Eingang gefunden hat.

Für die mitunter belächelten Aktivitäten der alternativen Szene – Wollspinnen, Weben, Gartenbau – sowie die Renaissance der Wertschätzung handwerklicher Berufe mag Gleiches gelten. Es wäre zu wünschen, dass das Wissen um die Gründe für den Mangel an Realitätserfahrung die erforderliche Verbreitung findet. Denn die Gefahr, in der Begegnung mit der Realität aufgrund der Innenweltzerstörung passiv-resignativ oder chaotisch zuschlagend zu dekompensieren, ist – wie die Umweltzerstörung – ein so weit reichendes Problem, dem mit klinisch-therapeutischen Methoden nicht mehr beizukommen ist. Angesprochen sind Elternhaus, Kindergarten und Schule, die gemeinsam verhindern sollten, dass unseren Kindern aufgrund politischer oder wirtschaftlicher Interessen statt be-greifbarer Realität süße, aber zerstörerische Surrogate vermittelt werden.

IV
Veränderte Kinderwelt

»Wenn Sie auf schnelle Weise lernen wollen, warum Kinder heute
anders denken, dann setzen Sie sich mit Ihrem Kind doch einmal vor den
Fernseher und sehen ein paar Minuten lang die ›Sesamstraße‹ oder eine
Sendung auf MTV an. Wie reagieren Sie auf das Schwindel erregende
Schnellfeuer der Bilder von Werbesendungen?
Beobachten Sie, wie Ihr Kind wie festgenagelt dasitzt und eine unglaub-
liche Menge an visueller Information aufnimmt. Als wäre das nicht genug,
hat die Technik uns noch mehr Möglichkeiten gegeben, die Aufmerksam-
keitsstörungen befördern könnten: das ›Bild im Bild‹, das ›Doppelte
Programm‹ und die omnipräsente Fernbedienung.«

Jeffrey Freed und Laurie Parsons
(1997)

»Zwischen dem sechsten und achtzehnten Lebensjahr hocken die jungen
Amerikaner etwa dreißig Stunden pro Woche vor der Glotze: Das sind
1.500 Stunden pro Jahr, 15.000 Stunden in einem Jahrzehnt – video ergo
sum. Das Format der Programme kommt dem Mangel an Konzentrationsfähigkeit der jungen (und alten) Menschen immer weiter entgegen:
Der Schnittrhythmus entspricht längst nicht mehr der so genannten
Aufmerksamkeitsspanne von acht bis zehn Sekunden, sondern wurde auf
drei oder vier Sekunden gesenkt.«

Klaus Harpprecht
Frankfurter Rundschau, 30.11.2001

Bereits in einer Untersuchung des Mannheimer Zentralinsti-
tuts für Seelische Gesundheit, die im Jahre 1983 veröffentlicht wurde,[1] erwiesen sich 15,8 Prozent der untersuchten
achtjährigen Grundschüler als psychiatrisch auffällig. Neben

antisozialen Verhaltensweisen wurde insbesondere eine hypermotorische Symptomatik genannt. In der ersten Hälfte der 80er-Jahre stieg auch die Zahl der Lehrerinnen und Lehrer, die mit Burn-out-Syndromen – auch aufgrund zunehmender Disziplinschwierigkeiten bereits mit Grundschülern – stationär behandelt werden mussten, deutlich an.[2]

In einer annähernd vergleichbaren Untersuchung, die im Jahre 1994 veröffentlicht wurde,[3] wurden zwei Drittel aller untersuchten Schüler zwischen sieben und elf Jahren als »symptomfrei« diagnostiziert. 32,9 Prozent waren mit einem »kritischen Symptom« auffällig, 12,7 Prozent mit zwei »kritischen Symptomen« bereits behandlungsbedürftig und 5,8 Prozent wiesen drei und mehr »kritische Symptome« auf. (Zu den kritischen Symptomen zählten u.a. Hyperaktivität, Konzentrationsstörungen, Zwangsgedanken, Phobien, Einkoten, Lügen, Schulschwänzen und Depressivität.)

Eine Befragung von Grundschullehrerinnen und Lehrern aus dem Jahre 1995 ergab eine Rate von Kindern mit einer Aufmerksamkeitsdefizit-/Hyperaktivitätsstörung von 17,8 Prozent.[4]

Bemerkenswert erscheint an der empirischen Untersuchung aus dem Mannheimer Zentralinstitut, dass bei den psychiatrisch auffälligen Kindern einschließlich derer mit Hypermotorik ein deutlich erhöhter Fernsehkonsum im Vergleich mit nicht auffälligen Kindern festgestellt wurde. Zwar erscheint dieser Zusammenhang heute schon so allgemein, fast banal und zerredet, dass er in unserem Bewusstsein gar nicht mehr präsent ist. Wesentlich ist an dieser Untersuchung jedoch die Fragestellung selbst, *das Aufspüren psychosozialer Zusammenhänge für die Entstehungsgeschichte der Störungen.* Im Unterschied dazu sind die heutigen Untersuchungen im Wesentlichen darauf beschränkt, genetische Zusammenhänge nachzuweisen und zu zeigen, dass Stimulanzien wie Ritalin bei ADS und Hyperaktivität »positiv wirken«. Geradezu prophetisch heißt es dagegen in der genannten Veröffentlichung aus dem Jahre 1983: »Zum Verständnis von Sozialisationsbedingungen- und prozessen ist es heutzutage, im Zeitalter der Massenkommunikation, unumgänglich, nach dem Umgang der Kinder mit den Medien zu fragen. Die gegenwärtige Diskussion um Privatfernsehen, um eine neue Medienlandschaft, um größere Verfügbarkeit des Fernsehens ist daher von größter gesellschaftspolitischer Bedeutung. Wenn hoher Fernsehkonsum eine Gefahr für die psychische Gesundheit von Kindern sein sollte, wäre die Zukunft einer ganzen Generation betroffen.« Angesichts der lückenlosen Umwandlung unserer Gesellschaft in eine Medien- und Informationsgesellschaft in den letzten 20 Jahren, in der zu dem Fernsehkonsum noch die Computer- und Internetnutzung der Kinder gekommen ist, erscheint die Horrorvorstellung, dass ein Viertel aller Erstklässler in absehbarer Zukunft zum Pausenfrühstück – nein zum Pausensnack – auch das Ritalin schlucken wird, um lernfähig zu bleiben, als durchaus realistisch.

Denn nicht nur, dass jede Information – auch Informationsmüll wie Videos und Computerspiele, die in der Pause eifrig getauscht werden – Aufmerksamkeit frisst (beziehungsweise die Fähigkeit, diese zu konzentrieren), auch anderweitige Veränderungen der letzten 20 Jahre verstärken Aufmerksamkeitsstörungen und Hyperaktivität:
– Verändert hat sich in den letzten Jahren das soziale Klima. Mit dem zumindest vorläufigen Sieg des Kapitalismus als weitgehend weltbeherrschende Ideologie, der Zunahme wirtschaftlicher Konkurrenz unter dem Schlagwort »Globalisierung« sowie der hohen Arbeitslosenquote werden

Bindung und Solidarität beeinträchtigt. Jeder ist des anderen Konkurrent: Es gilt, auf der Hut zu sein, also jede Chance zu nutzen, um voranzukommen!
- Es gibt weitgehend keine gesicherten beruflichen Zukunftsperspektiven mehr. Ich muss mal dieses, mal jenes probieren. Das Leben ist eine große Börse. Die Kurse fallen und steigen sogar für scheinbar gesicherte berufliche Identitäten wie Ärzte und Lehrer.
- »Identität« – als Antwort auf die Frage »Wer bin ich?« – ergibt sich nicht mehr beiläufig, indem ich vorgegebene Bahnen beschreite. Eher führen diese in die Identitätsverwirrung: heute Arbeit, morgen arbeitslos; Berufsabschluss als Heizungsmonteur, tätig als LkW-Fahrer; gestern glanzvolle Hochzeit, heute oft allein erziehend mit dem dritten Lebensabschnittspartner ... Da aber eine stabile Identität wesentlich für körperliche und seelische Gesundheit ist,[5] bedarf es schon der *Identitätsarbeit* oder der Fähigkeit, der eigene *Lebensunternehmer* zu sein, um eine innere Sicherheit für sich selbst zu erwerben und zu behalten. Kompetent auch späterhin *aus mehreren Quellen leben*[6] heißt, die verschiedensten Erfahrungen, Werte und Kompetenzen zusammenbringen zu können, setzt voraus, als Kind in dialogisch-kommunikativer Fülle auch materielle »Fasten-Diäten« einschließlich möglicher Langeweile zu erleben, um eigeninitiativ werden zu können. Heute ist es jedoch eher umgekehrt. Eine notwendige Antwort darauf war und ist sicherlich auch der »spielzeugfreie Kindergarten« (siehe Seite 94–98).
- Kindern werden zunehmend Elternfunktionen zugeschrieben: »Das Kind wird zur letzten verbliebenen, unaufkündbaren, unaustauschbaren Primärbeziehung. Partner kommen und gehen. Das Kind bleibt. Auf es richtet

sich all das, was in die Partnerschaft hineingesehnt, aber in ihr unauslebbar wird. Das Kind gewinnt mit dem Brüchigwerden der Beziehungen zwischen den Geschlechtern Monopolcharakter auf lebbare Zweisamkeit, auf ein Ausleben der Gefühle (…). In ihm wird eine anachronistische Sozialerfahrung kultiviert und zelebriert …«[7] Mit anderen Worten: Kinder werden zunehmend von emotionaler elterlicher Bedürftigkeit umzingelt, entwickeln ein »falsches Selbst«, das aus unbemerkter Gefügigkeit in elterliche Wünsche resultiert. Der Versuch einer Revolte gegen diese Gefügigkeit kann mit Hyperaktivität einhergehen.[8]

– In der metaphysischen Obdachlosigkeit der Gegenwart – das ewige Leben hat keinen Ort und keinen Wert mehr – gilt es, das Hier und Jetzt voll auszukosten. Ständig muss ich meine Aufmerksamkeit auf etwas richten, was interessant und neu sein könnte. Die Angst ist groß, etwas zu verpassen. Das ganze Leben erscheint als Programm-Zappen und Party-Hopping: »Innere Unruhe, starke Ablenkbarkeit, niedrige Frustrationsschwelle, spontane und vorschnelle Reaktionen, die Vorliebe für aufregende Situationen werden immer häufiger bei Kindern, aber auch bei Erwachsenen festgestellt. Viele (…) Menschen haben zudem Wahrnehmungsstörungen und Lernschwierigkeiten.«[9]

Vor dem Hintergrund der genannten soziokulturellen Veränderungen erfordern diese *zunehmenden* Störungen und Schwierigkeiten eine Betrachtungsweise, die mehr als nur eine »genetische Determinierung« kennt. Letztere ist zwar wahrscheinlich, aber diese allein könnte nicht die drastische Zunahme der Störungen in den letzten 30 Jahren erklären – auch wenn man jetzt ein genaueres Hinsehen, das heißt eine genauere Diagnose, unterstellt. Wobei noch anzumerken ist, dass dieses genauere Hinsehen dann leider oft sehr einäugig erfolgt. So besteht gegenwärtig die Tendenz, dass jedes Kind, das in der Schule gelangweilt oder frech gegenüber dem Lehrer auftritt, mit dem Merkmal »aufmerksamkeitsgestört« versehen wird. »Hyperaktivität ist mittlerweile ein praktischer Sammelbegriff (...). Viele Kinder zeigen zum Beispiel vergleichbare Symptome während belastender Ereignisse – etwa der Scheidung der Eltern, eines Umzugs oder bei Problemen mit Gleichaltrigen. Ich glaube, dass die Mehrheit der Kinder (...) nicht so geboren (wurde); wir haben sie dazu gemacht. Die Kinder sind ein Produkt unserer schnelllebigen visuellen, überstimulierenden Kultur.«[10]

Die meisten Erkrankungen und Störungen mit einer erblichen Komponente beruhen auf einem Zusammenspiel von mehreren Genen *und* Umwelteinflüssen. So hat der amerikanische Psychotherapeut Tom Hartmann das Bild verwendet, dass Kinder mit ADS und Hyperaktivität gewissermaßen von den früheren »Jägern« abstammten und jetzt in unsere Kultur, die von den »sesshaften Farmern« geprägt sei, nicht ihren richtigen Ort fänden. Unsere Kultur böte den Jägern nicht mehr die entsprechende ökologische Nische.[11] Angesichts der eben geschilderten Veränderungen in den letzten 30 Jahren müsste es aber wohl eher heißen, dass Kinder – insbesondere die mit einer besonderen Empfindlichkeit – und deren Eltern in unserer von Konkurrenz, Identitätsunsicherheit und Jagd nach Glück und »Fun« geprägten gesellschaftlichen Gegenwart so aktiviert, eher schon alarmiert werden, dass sie in jeder Lebenssituation nur noch ein »Programm-Zappen« und »Party-Hopping« verwirklichen können. Daraus folgt, dass heute noch mehr als vor 20 Jahren danach gefragt werden muss, welche *vorbeugenden* und *salutogenetischen* (gesundheitsförderlichen) Möglichkeiten wir angesichts dieser gesellschaftlichen Veränderungen haben, also etwas tun können, *bevor* sich ADS mit Hyperaktivität so wie bei Florian, den wir im ersten Kapitel beschrieben haben, zeigt. Oder: *Welche Möglichkeiten haben wir, unsere Kinder so zu fördern, dass die Gefahr, an ADS zu erkranken, möglichst verringert wird?* Wir haben uns doch schon lange z.B. bei Krebserkrankungen und auch bei der Sucht daran gewöhnt, nach präventiven und salutogenetischen Möglichkeiten zu fragen, bevor die »harten« Maßnahmen *nach Ausbruch* der Erkrankung selbst notwendig werden. Warum also nicht auch bei ADS mit und ohne Hyperaktivität?

Und wenn Kinder mit einer besonderen Empfindlichkeit (»genetisch begründete Vulnerabilität«) auf bestimmte Zeitströmungen (»gegenwartstypische soziokulturelle Veränderungen«) früher mit Störungen als andere Kinder reagieren sollten, dann könnte ein Salutogenese- und Präventionsprogramm nicht nur für sie, sondern durchaus auch für die genetisch nicht vorbelasteten Kinder sinnvoll sein und für die »vulnerablen« Kinder eben einen *besonderen* Rückhalt darstellen, ganz so, wie die Kariesprophylaxe mit Zähneputzen, Fluor und begrenztem Süßigkeitenkonsum auch für Kinder aus Familien mit – genetisch begründeter – tadelloser Zahnqualität und -stellung sehr wohl einen Sinn macht.

V
Auch psychosoziale Erfahrung
beeinflusst den Transmitterstoffwechsel

»Wer noch immer nicht begriffen hat, dass es (...) um Moleküle *und*
mentale Zustände, um Axone *und* Aggressionen, um Sympathien *und*
Synapsen, um Mikroglia *und* Mütter, um Gene *und* Gespräche, kurz um
Gehirn *und* Geist geht, der hat die Entwicklungen der vergangenen zehn
Jahre gründlich verschlafen.«

Manfred Spitzer

»Es gibt vermutlich eine genetische Anfälligkeit (bei ADS, E.S.), wobei
aber nicht zuletzt der Einfluss der Umgebung darüber entscheidet, ob die
Anlage sich als wirkliche Störung manifestiert.«

Xavier Castellanos

Auch die menschliche Seele ist von körperlich-stofflichen
Prozessen abhängig. Damit ist jedoch keinesfalls gemeint,
dass es für jeden Gedanken in einem Verhältnis 1:1 »ein
Stück Materie« gibt.[1] Allerdings sind seelische Phänomene
wie Aktivität, Interesse und Konzentrationsfähigkeit an kör-
perlich-stoffliche Vergänge gebunden. Wir kennen so genannte Botenstoffe (Transmitter), an die die Erregungsübertragung zwischen den Nervenzellen geknüpft ist. Früher
nahm man noch an, dass allein eine verminderte Ausschüt-
tung oder ein Ungleichgewicht dieser Stoffe (wie Dopamin,
Serotonin, Noradrenalin und Acetylcholin) in den schmalen
Räumen zwischen den Nervenzellen bzw. deren Ausläufern

die Erregungsübertragung und damit auch die genannten seelischen Phänomene beeinflusst. Heute weiß man, dass »Veränderungen im Neurotransmittergleichgewicht nur durch Veränderungen in der Funktion der diese Neurotransmitter synthetisierenden und freisetzenden Nervenzellen erklärt werden können«[2]. Mit anderen Worten: Bestimmte Funktionen *in* den Nervenzellen sind gestört und führen zu einem Zuviel oder Zuwenig an verschiedenen Neurotransmittern und – qualitativ davon gesondert zu betrachten – deren Einwirkung. Infolgedessen kommt es auch zu einer Störung der Aktivität, des Interesses und weiterer seelischer Phänomene. *Entscheidend ist nun, dass diese körperlich-materiellen Vorgänge in den Zellen durch psychosoziale Erfahrungen vorübergehend – oder in bestimmten Zeitfenstern der menschlichen Entwicklung auch dauerhaft – gestört oder gefördert werden können.* Lernprozesse, die während seelisch und hirnbiologisch empfindlicher Phasen stattfinden, also Lernprozesse zum Beispiel kurz nach der Geburt, im Zeitraum der Einschulung oder der Pubertät wurden in den vergleichenden Verhaltenswissenschaften als *Prägung* bezeichnet. Damit ist gemeint, dass überdauernde Verhaltensmuster und Einstellungen aus psychosozialer Erfahrung herrühren. »Obwohl die Anerkennung des Konzepts der Prägung für die frühkindliche Entwicklung des Menschen noch immer kontrovers diskutiert wird (…) ist eine solche Betrachtungsweise für die systematische Untersuchung früher Lernprozesse durchaus hilfreich (…) Sowohl bei den Untersuchungen an Affen als auch bei den Heimkindern lassen sich sensible Phasen ausmachen, in denen sich Schäden und Defizite bis zu einem gewissen Grade nicht wieder gutmachen lassen. Dies lässt vermuten, dass Negativerlebnisse nur dann zu stabilen oder gar irreversiblen psychischen

Schäden führen, wenn sie während sensibler, ›vulnerabler‹ Zeitfenster der Hirnentwicklung auftreten.«[3]

Vor diesem Hintergrund und der offensichtlichen Zunahme von ADS – quantitativ und qualitativ – in den letzten 30 Jahren erscheint es schon als »frag-würdig«, zu formulieren, dass ADS mit oder ohne Hyperaktivität »weder multifaktorielle polygene Übertragungsmechanismen noch Umwelt- oder Kultureinflüsse zugrunde liegen, sondern dass die Störung auf einem einzelnen autosomal dominanten Gendefekt zu beruhen scheint«[4]. Eine genetische Verursachung allein würde nicht die offensichtliche Zunahme von ADS – zeitgleich mit der Zunahme anderweitiger seelischer Auffälligkeiten und Störungen in dem Kindesalter – in den letzten 30 Jahren erklären. Vielmehr muss davon ausgegangen werden, dass eine genetische Disposition eine bestimmte erhöhte Empfänglichkeit für störende psychosoziale Einflüsse zur Folge hat.[5] Edward Hallowell[6] vertritt die Meinung, »dass dieses medizinische Syndrom (ADS oder im Englischen: ADD) eng mit der gegenwärtigen Kultur Amerikas verzahnt ist (…) Dies ist eine Erklärung dafür, warum ADD so viele Menschen fasziniert und warum es eine so verführerische Diagnose ist. Wenn man eine Beschreibung von Hyperaktivität hört, so klingt das fast wie eine Beschreibung des urbanen Lebens in diesem Land. Ist nicht jeder in Los Angeles oder Manhattan hyperaktiv? So scheint es. Es ist natürlich wichtig, zu betonen, dass dies *nicht* stimmt. Aber ich glaube, man kann feststellen, dass unsere urbane Kultur ein ähnliches Syndrom hervorbringt, oder eines, das ich Pseudo-ADD nenne (…) Millionen von Amerikanern haben Pseudo-ADD«.

Nach dieser Unterscheidung wäre dann Pseudo-ADD ohne eine spezielle genetische Disposition entstanden. Letztere

wäre dann »echter« ADD vorbehalten. Jedoch können auch
für deren Manifestation – außer der genetischen Disposition
– negative psychosoziale Einflüsse entscheidend sein.

Es gilt also, aufzumerken und nach der Vorbeugung bezüglich der psychosozialen Negativeinflüsse und nach gesundheitsförderlichen Möglichkeiten Ausschau zu halten,
bevor an immer mehr Kinder Ritalin »verfüttert« werden
muss, damit diese schulfähig bleiben. Je früher dies geschieht, desto besser.

Fatal wäre es, wenn Entwicklungen, die sich in den Vereinigten Staaten von Amerika abzeichnen, – wie sonst üblich
– früher oder später auch für Europa maßgeblich werden
würden. So dürfte es »interessant sein, den aktuellen Ent-
wicklungsstand (der Forschung, E.S.) in den USA in Augen-
schein zu nehmen. Gelegenheit dazu bot die Teilnahme an
einem Kongress der American Psychiatric Association
(APA) im Oktober 2000 in Philadelphia, der rund 1.500 Teilnehmer hatte. Die Fortbildungsveranstaltung umfasste etwa
3.000 Präsentationen (…). In diesen Veranstaltungen wurden
(…) auch kritische Töne hörbar. Sie betrafen die Klage über
den im letzten Jahrzehnt erfolgten Verlust an psychotherapeutischen Möglichkeiten und Kompetenzen aufgrund von
finanziellen Einschränkungen durch die Versicherungssyste-
me. Kritik wurde geäußert an der derzeitigen materialisti-
schen Grundorientierung, welche dazu tendiere, alle psychischen Vorgänge als neurophysiologische Gehirnvorgänge
zu sehen und sich daher im Umgang mit Patienten auf die
Verordnung von Psychopharmaka beschränke«[7]. Diese *materialistische Grundorientierung* als Weltanschauung setzt
auf den *reduktionistischen Materialismus* als Leib-Seele-
Theorie. Nach dieser Theorie kann jedes geistige Geschehen
auf physikalische Prozesse reduziert und vollkommen durch

die Beschreibung der zugrunde liegenden materiellen Prozesse erklärt werden. Geistiges Geschehen ist damit durch naturwissenschaftliche Gesetze erklärbar. Damit ist gleichzeitig gesagt, dass es keine menschliche Willensfreiheit gibt. Denn diese ist mit naturwissenschaftlichen Gesetzen nicht zu erklären.

»Wenn in der psychiatrischen Praxis (in den USA, E.S.) aktuell 15% der Patienten Psychotherapie erhalten, bedeutet das umgekehrt, dass mindestens 85%, wahrscheinlich aber fast 100%, pharmakologisch behandelt werden. An dieser Stelle erscheint es für einen nichtamerikanischen Psychotherapeuten eindrucksvoll, in welchem Maße die Psychopharmakaindustrie das Geschehen bestimmt. Was hierzulande oft unklar bleibt, wird im amerikanischen Raum mit sympathischer Offenheit dargelegt (...).

Es hat den Anschein, dass die ›decade of the brain‹ die praktizierenden amerikanischen Psychiater eher ratlos zurückgelassen hat, da sie zwar über viele wirksame Medikamente, aber kaum über ein psychotherapeutisches Rüstzeug verfügen, welches ihnen im täglichen Umgang mit ihren Patienten hilfreich sein könnte. Die erhebliche Unzufriedenheit der Praktiker fällt erstaunlicherweise zusammen mit einer vergleichbaren Erfahrung innerhalb der Neurowissenschaften: Ein nicht unwichtiger Teil ihrer Vertreter weist darauf hin, dass ein vertieftes Verständnis der biologischen ›Brain-Prozesse‹ oder eine realitätsnahe Weiterentwicklung von technischen Computer- oder Robotermodellen nicht möglich ist, ohne die Heranziehung von komplexen Konzepten, wie sie in der Psychologie, Psychoanalyse oder allgemein in den Sozialwissenschaften verwendet werden (...).

So wächst in der sehr eingeschränkten amerikanischen ärztlichen Psychotherapie die Hoffnung, dass der Irrtum einer Epoche, man könne die Persönlichkeit eines Menschen auf seinen Hirnstoffwechsel reduzieren, unter dem Druck der Praxisrealität korrigiert wird und neben den ›Brain-Funktionen‹ die ›Mind-Aspekte‹ von Emotionalität, Konflikt, lebensgeschichtlicher Entwicklung, soziokultureller Prägung, Sprache, Beziehung, Interaktion etc. wieder praktisches und wissenschaftliches Interesse finden. Ob das unter den gegebenen Bedingungen des in den USA herrschenden Biologismus, der strikten zentralen Steuerung und der einseitigen Orientierung an Wirtschaftlichkeit als handlungsleitendem Kriterium gelingen kann, erscheint fraglich (...)«[8]

Wissenschaftliche Entwicklungen, Ergebnisse und Auseinandersetzungen sind sehr oft – auch im deutschen Sprachraum – von Weltanschauungen und wirtschaftlichen Interessen mitbestimmt. Zumindest bestimmen diese mit darüber, welche Untersuchungen mit welchen Fragestellungen gefördert werden. Es kann also nicht verkehrt sein, auch bei ADS mit oder ohne Hyperaktivität unvoreingenommen danach zu fragen, welche psychosozialen Möglichkeiten der Gesundheitsförderung und Prävention wir haben, damit es möglicherweise gar nicht erst zu solch einem Teufelskreis kommt, wie dieser im ersten Kapitel beschrieben worden ist. Wenn es sich dann im Einzelfall zeigen sollte, dass trotz präventiver und salutogenetischer Bemühungen eine solche Störung nicht zu vermeiden war, dann mögen Stimulanzien schon die Ultima Ratio darstellen. Aber nicht die Prima Ratio ...[9]

Von den Möglichkeiten der Prävention und Salutogenese im Hinblick auf ADS handeln nun die nächsten Kapitel.

VI
Hören, sprechen und sehen können

»Stark fühlt sich, wer die Bilder findet, die seine Erfahrung braucht.«

Elias Canetti

Aufmerksamkeitsgestörte Kinder – mit oder ohne Hyperaktivität – können kaum hören und zuhören. Das, was sie
akustisch noch wahrnehmen, erreicht sie »innerlich« nicht
mehr. Schon die Lehrkräfte in der Grundschule wissen ein
Lied davon zu singen. Und wenn manche dieser Kinder
zehn bis fünfzehn Jahre später zur Therapie kommen, weil
sich – oft auch aufgrund verzweifelter »Selbstheilungsver-
suche« mit Drogen oder Alkohol – eine Sucht oder ein anderweitig sozial auffälliges Verhalten eingestellt hat, dann
sind diese jungen Menschen im Gespräch kaum zu erreichen. Sie fühlen sich dann nur »in Frage gestellt«, verunsichert, haben keine Einfälle, keine Phantasien, keine inneren
Bilder. Auch in dieser Situation versagt Sprache zunächst. Es
wird nichts aus dem Inneren heraus »zur Sprache gebracht«.
    Die allgemeine Lebenssituation dieser jungen Erwachse-
nen ist zugleich dadurch geprägt, »dass sie in ihrer Zeit- und
Lebensplanung wenig Überblick haben. Sie sind nicht in der
Lage, eine Arbeit rechtzeitig zu planen, den notwendigen
Arbeitseinsatz und Zeitaufwand zu überblicken, sodass sie
in ständigem Chaos leben, weil sie nie eine Aufgabe in Ruhe
erledigen (...). Diesen Menschen (ist) ein ›innerer Dialog‹
nicht möglich. Noch bevor eine Aufgabe zu Ende geführt

ist, muss die nächste unbedingt aus Zeitgründen angefangen werden, es türmen sich schließlich Stapel von nicht beendeten Aufgaben«[1].

Aus neurobiologischer Sicht könnte bei ADS mit Hyperaktivität eine *Unter*erregung in der »formatio reticularis« des menschlichen Gehirns angenommen werden. Bei der »formatio reticularis« (reticulum, lat.: Netz) handelt es sich um ein Netzwerk aus Nervenfasern und Nervenzellen, das sich vom Rückenmark durch den Hirnstamm bis zum Mittel- und Zwischenhirn erstreckt. Von hier aus gibt es auch Verbindungen zum Groß- und Kleinhirn, die gleichfalls zu diesem Netzwerk gehören. In der »formatio reticularis« werden die von außen eintreffenden Sinneseindrücke gesammelt. Die weitere Verarbeitung der Sinneseindrücke entscheidet dann darüber, ob wir wach und interessiert oder schläfrig und müde sind. Werden die meisten der ankommenden Sinneseindrücke wie bei ADS gewissermaßen als schon bekannt oder langweilig eingeordnet, resultiert daraus eine Unterstimulation, die sich in Müdigkeit äußert und in der Schwierigkeit, sich über eine längere Zeitspanne auf etwas Bestimmtes konzentrieren zu können. Von daher werden ständig neue Sinneseindrücke gesucht, um wach zu bleiben – mit den Folgen der ständig wechselnden Aufmerksamkeit und Hyperaktivität. (Deswegen konnten auch bei den Kindern im Emma-Pendleton-Bradley-Home seinerzeit dämpfende Medikamente nicht den gewünschten Erfolg bringen, da diese die Untererregung in der »formatio reticularis« sowie die damit verknüpfte kompensatorische Reizsuche nur noch verstärkten.)

Kinder mit dieser Untererregung in der »formatio reticularis« sind nach der Geburt zunächst unauffällig, bis dann frühestens mit 18 Monaten die Reizsuche einsetzt und die

Kinder immer aktiver werden. Sie sind ständig auf der Suche nach »Action«. Finden sie diese, dann können sie auch etwas leisten und Aufmerksamkeit zeigen.

Aber auch die gegenteilige Situation, nämlich eine angeborene *Über*erregbarkeit der »formatio reticularis« durch Außenreize kann mit Hyperaktivität einhergehen.[2]

»Diese Kinder reagieren unter Umständen schon im Mutterleib auf laute Geräusche. Sie sind auch gleich nach der Geburt unruhig und insgesamt schwer zufrieden zu stellen. Sie bleiben lebenslang hyperaktiv. Oft stellt man bei ihnen eine Berührungsscheu fest. Normale Körperpflege wie Kämmen und Nägelschneiden wird von ihnen als Schmerz erlebt (...) Diese Kinder können nur schwer entwickeln, was Psychologen Urvertrauen nennen und werden deswegen auch gern mit verwahrlosten Kindern verwechselt. Die Leistung dieser Kinder hängt eher von der Situation als von der Art der zu bearbeitenden Aufgaben ab.

Je ruhiger und reizärmer der Platz in der Klasse, desto besser die Konzentration.«[3]

Was bedeuten diese beiden Modelle der Unter- beziehungsweise Überregung der »formatio reticularis« für das Hören- und Zuhörenkönnen?

1. Zur Untererregung:

»Aus der Hirnforschung wissen wir, dass Imagination in einem erheblichen Maße jene Zentren des Gehirns aktiviert, die ansonsten für die äußere Wahrnehmung benutzt werden.«[4] Daraus folgt, dass durch eine Verminderung äußerer Bilder z.B. beim Zuhören und auch beim eigenständigen Lesen sich vermehrt innere Bilder einstellen können. Die altbekannte pädagogische Regel, dass für Kleinkinder das Geschichtenhören und verweilende Anschauen von Bilderbüchern sehr bekömmlich ist, nicht aber die Bilderflut des Fernsehens, der Filme und der Comics, findet hier ihre neurobiologische Bestätigung. Imagination hat auf die weitere Wahrnehmungs-, Denk- und Gestaltungsfähigkeit des Kindes einen entscheidenen Einfluss. So können Kinder schon im Vorschulalter zu dem jeweils Gehörten lebhafte innere Bilder entwickeln, die auf die »formatio reticularis« genauso aktivierend wirken wie äußere visuelle Wahrnehmungen. Es bedarf dann nicht mehr der ständigen äußeren Reize, die mit wechselnder Aufmerksamkeit und Hyperaktivität gesucht werden, um wach zu bleiben, sondern die entscheidende Aktivierung kommt von innen her – von den inneren Bildern, die das soeben Gehörte begleiten. Darüber hinaus gilt, dass auf diesem Wege mit dem nächsten Schritt eine intensivere Wahrnehmung auch der äußeren Bilder möglich ist. Auf diese Weise wird die »formatio reticularis« noch zusätzlich aktiviert.[5]

Die *praktische Konsequenz* daraus: bis zum achten Lebensjahr so wenig medial vermittelte Bilder (Fernsehen, Video, Videospiel, CD-ROM, Comic) wie eben – ohne pädagogischen Kraftakt – möglich. Aber auch danach ist bis in die Vorpubertät hinein eine sparsame Dosierung medial vermittelter Bilder sinnvoll.

Die Kinder lernen dadurch allgemein besser zuzuhören, weil sie beim Zuhören eigene, die »formatio reticularis« stimulierende Bilder entwickeln.

Für die pädagogische Umsetzung dessen gilt: keine starre Prinzipienreiterei, wenn hierdurch Spannungen entstehen (»Die anderen dürfen aber doch auch ...«) oder sich die Kinder heimlich in der Nachbarschaft ihr Video »reinziehen«, sondern eher flexible Prinzipientreue. Zugleich ist entscheidend, dass die Kinder auch die Möglichkeit haben, selber zu erzählen, und dass ihnen dabei aufmerksam zugehört wird. Kommunikation bedarf geschützter Räume, in die nicht ein Medium »hineinfunkt«. Da der wahrnehmende Dialog mit Kindern allein schon aufgrund der seltener werdenden ungestörten gemeinsamen Mahlzeiten immer mehr ausdünnt, bedarf eben dieser wahrnehmende Dialog einer besonderen Pflege. Ein idealer Ort für das Erzählen und Zuhören sowie die Entfaltung innerer Bilder ist zum Beispiel die Gutenachtgeschichte. Hierüber hat der Erstautor bereits an verschiedenen Stellen berichtet (Schiffer, E. 1993, 1994, 2001).

In der Situation um die Gutenachtgeschichte – und dabei ist es einerlei, ob die Geschichte vorgelesen oder frei erzählt wird, ob es sich um eine erfundene Geschichte oder eine Geschichte aus dem Leben des Kindes handelt – können sich Imaginationen, d.h. innere Bilder, besonders gut entfalten, da anderweitige äußere Reize heruntergedimmt sind. Wenn ein Kind oft genug in dieser oder einer vergleichbaren Situation das Imaginieren erprobt, dann wird es auch Bilder entwickeln, wenn es *eigenständig* Texte liest. Diese inneren Bilder wecken das Interesse und lassen einen schriftlich oder mündlich vermittelten Text nicht mehr von vornherein ermüdend wirken. Das Kind wird auf diesen Wegen auch eigenständig und mit Spaß längere Texte – sprich Bücher – zu lesen beginnen. Wenn ein Kind hingegen nicht in der Lage ist, zu einem Text zu imaginieren, dann wird es durch diesen schnell »zugetextet«. Diese gegenwartstypische Formulierung ist durchaus zutreffend. Deswegen musste z.B. auch das Wochenmagazin »Der Spiegel« sich dem erfolgreicheren Konkurrenzblatt »Focus« in seiner Aufmachung anpassen. Die »Bleiwüsten« längerer – und anspruchsvollerer Artikel – verschwanden insgesamt. Bilder, Grafiken und Zwischenüberschriften machen jetzt auch die Seiten beim »Spiegel«

bunt und aktivieren die heute schnell nachlassende Aufmerksamkeit des Lesers.

In unserer zunehmend von Leseunlust bestimmten Gegenwart grenzte es dann wirklich schon an Zauberei, als »Harry Potter« nicht nur millionenfach gekauft, sondern tatsächlich auch gelesen wurde. Vielleicht weil die Geschichte und die Erzählweise zur Identifizierung einladen und viele innere Bilder erzeugen. Das lässt hoffen.

2. Zur Übererregung:

Wenn Kinder beim Zuhören eigene Bilder entwickeln, dann ist dieses auch für das Modell der Übererregbarkeit sehr bedeutsam. Denn diese inneren Bilder stellen eine Brücke über die »Ufer zwischen den Gefühlen und der Sprache« dar. Über diese Brücke können dann die Gefühle vom Gefühlsufer zum Sprachufer, das heißt »zur Sprache kommen«. Kinder bedürfen der inneren Bilder, um das artikulieren zu können, was für sie gefühlsmäßig wichtig ist: was sie bedrückt, was sie freut, ärgert, reizt, »nervt« ... Wenn die Kinder ihre Gefühle hingegen nicht zur Sprache bringen können, dann drücken sie diese entweder handelnd aus oder entwickeln körperliche Krankheitssymptome (dieses gilt für Erwachsene, die nicht ausreichend gelernt haben, ihre Gefühle zur Sprache zu bringen, genauso). Je mehr ich hingegen das, was mich gefühlsmäßig bewegt, zur Sprache bringen kann, desto weniger muss ich dieses handelnd – das heißt: hyperaktiv-motorisch – vermitteln.

Weiterhin ist zu der vorgängig geschilderten Situation um die Gutenachtgeschichte herum zu bemerken, dass sowohl das zuhörende Kind wie auch die vorlesende Mutter (oder der vorlesende Vater) innere Bilder entwickeln und in beiden dazugehörige Stimmungen aufsteigen. Da beide die gleiche

Geschichte hören, sind die Bilder und Stimmungen von Kind und Mutter/Vater dazu gewöhnlich in einem gewissen Umfange durchaus ähnlich. Beide sind aufeinander eingestimmt. Die Mutter oder der Vater wirkt dann stützend und strukturierend – d. h. auch prägend, vergleiche Seite 35 – auf das Kind ein, was sich dann auch als allgemein beruhigend auswirken kann.[6] Die Gelassenheit der Mutter färbt gewissermaßen ab, wirkt auch beruhigend auf die zur Überregung (Hyperarousal) neigende »formatio reticularis« des Kindes ein. Damit hilft sie dem Kind, auf die Tagesereignisse weniger aufgeregt und heftig zu reagieren.

Diese beruhigende Einwirkung lässt zugleich an ein Beispiel aus einem anderen Bereich der Kinderheilkunde denken: Kinder mit einer angeborenen (genetisch begründeten) Verdickung und Übererregbarkeit des Magenpförtnermuskels (der den Magen gegen den Dünndarm verschließt) beginnen zwei bis drei Wochen nach der Geburt den größten Teil der gerade aufgenommenen Nahrung wieder zu erbrechen. Die Mutter/der Vater gerät darüber gewöhnlich in Angst und Anspannung, wodurch das Erbrechen dieser sehr empfindsamen Säuglinge noch verstärkt auftritt.

Und nun das »Wunder«: Nicht wenige dieser Kinder können in der Klinik allein schon auf den Armen einer erfahrenen und gelassenen Säuglingsschwester die Nahrung bei sich behalten und gedeihen prächtig. Andere Kinder benötigen zusätzlich noch eine besondere Nahrungszubereitung und krampflösende Medikamente. (Und bei einigen ist eine Operation, in der der Magenpförtnermuskel längs gespalten wird, nicht zu vermeiden.)

Wenn die Kinder mit einem gebesserten Allgemeinbefinden und Ernährungszustand nach Hause zurückkommen, ist der Teufelskreis von Angst, Anspannung und Aufgeregtheit, in den die Mütter und Väter hineingeraten sind, meistens so weit aufgelöst, dass auch elterlicherseits etwas mehr Gelassenheit dem Kind gegenüber verwirklicht werden kann. Aber gerade dann brauchen die Eltern in der häuslichen Pflege ihrer Kinder noch Unterstützung und Solidarität, um ihren Kindern weiterhin so entspannt begegnen zu können, dass der Teufelskreis von zunehmender Angst und Aufregung ihrerseits sowie zunehmender Symptombildung kindlicherseits nicht erneut in Gang gesetzt wird.

Grundsätzlich braucht jede Mutter/jeder Vater – auch wenn Kinder Aufgeregtheit jeweils recht unterschiedlich verkraften – Unterstützung, wenn sie Entspannung und Ruhe vermitteln möchten. Dies gilt beim Füttern wie bei der Gutenachtgeschichte oder den vielen anderen vergleichbaren Situationen im Tagesablauf eines Kindes.

Besonders bei heftigen Partnerkonflikten, wirtschaftlichen Nöten, zum Beispiel durch unerwartete Arbeitslosigkeit, oder ebenso durch Workaholic-Rastlosigkeit ist Gelassenheit gegenüber den Kindern nur in einem begrenzten Umfange oder auch gar nicht möglich. Das Gleiche gilt viel zu oft auch für berufstätige Alleinerziehende am Ende eines langen Arbeitstages ... Es wäre schön, wenn sich in diesen Situationen auch verwandtschaftliche oder nachbarschaftliche Solidarität entfalten könnte – ein weites Feld für »solidarischen Individualismus« oder Sensus communis (Gemeinsinn).[7]

Eltern brauchen also Unterstützung, wenn ihr Kind eine besondere Empfindlichkeit aufweist. Das zeigte besonders deutlich das eben genannte Beispiel, das allerdings aus einem anderen Bereich der Kinderheilkunde stammte. Aber auch für eine besondere ADS-Form gilt das gleiche Prinzip. Gemeint sind die »Schreibabys«.

Diese Kinder, die viel Ähnlichkeit mit denen aufweisen, für die eine übererregbare »formatio reticularis« vermutet wird, haben einen veränderten Schlafrhythmus, erfordern viel Aufmerksamkeit und sind nur schwer zu beruhigen. Die Eltern sind für das Kind ständig eingespannt und können kaum zur Ruhe kommen. Dies gilt insbesondere für Alleinerziehende. In solch einer Situation reagiert eine Mutter ähnlich wie die Mutter eines Kindes mit einem Magenpförtnerkrampf, wodurch ein vergleichbarer Teufelskreis entsteht. In diesem Fall werden Quengeln und Unruhe immer mehr, bis das Kind eben ein »ADS-Kind« mit Hyperaktivität ist.

Unterstützung zur Ruhe und Gelassenheit brauchen auch Eltern, deren Kinder während der Geburt einen Sauerstoffmangel erlitten oder als Frühgeburten mit einem Geburtsgewicht unter 1.500g zur Welt kamen. Insbesondere die motorische Koordinations- und Integrationsfähigkeit dieser Kind verläuft verzögert. Insgesamt haben die Kinder ein bis zu 60% höheres Risiko, eine hyperkinetische Störung zu entwickeln.[8] Auch hier ist ein Teufelskreis dergestalt denkbar, dass die Eltern mit ängstlicher Sorge und Angespanntheit die Entwicklung ihrer Kinder verfolgen, was wiederum deren Angespanntheit und Hampeligkeit verstärkt.

Entspannung und Gelassenheit lassen sich nun nicht kommandieren. Aber es gibt hilfreiche »Modell-Situationen« gerade auch schon im Kindergarten und in der Grundschule. Es kann für die Eltern sehr hilfreich sein, zu erfahren, wie sich der beruhigende Zauber um die Gutenachtgeschichten in (Vor-)Lesenächten und sogar schon am Vormittag entfalten kann, wie am 20.5.2000 in dem Bersenbrücker Kreisblatt zu lesen war:

Zauber der Märchen lässt Kinder zur Ruhe kommen.
Erzähler Klaus Dörre fasziniert seine Zuhörer
»Heutzutage geht es immer nur darum, die Kinder in Aktion zu bringen«, meint Klaus Dörre aus Angeln/Schleswig-Holstein und setzt mit seinen Märchen bewusst ganz andere Akzente. In der letzten Woche war der professionelle Erzähler aus dem hohen Norden zu Gast in den Quakenbrücker Grundschulen Am Langen Esch und in der Neustadt, um nach jeweils vier Märchenstunden in den dritten und vierten Klassen einen bleibenden Eindruck zu hinterlassen. (…)
»Hier können die Kinder bei sich sein, ihre Gefühle wahrnehmen, zur Ruhe kommen«, bildet die Zauberwelt der Märchen, so Dörre, einen wichtigen Gegenpol zur hektischen Durchklickgesellschaft. Oft klagen Lehrer darüber, dass Kinder nicht mehr zuhören können und bei Veranstaltungen dieser Art eher störten. Diese Erfahrung hat der Märchenerzähler jedoch bisher noch nicht machen müssen, oft brächten sogar die Wildesten eine erstaunliche Konzentration mit. Sie ließen sich gern von der Bilderwelt der Märchen faszinieren. Hier fänden sie Vorbilder, denen sie nacheifern könnten.
Die Auswahl der jeweiligen Märchenstunde erspürt Dörre in der einzelnen Klasse selbst. Gerade Volksmärchen mit einem guten Ende schreibt Dörre eine wichtige Helferfunktion in den verschiedensten Phasen der geistig-seelischen Entwicklung zu. Sein persönliches Lieblingsmärchen vom russischen Juri erzählt Dörre besonders gern. Es sei eine lange, spannende Erzählung, in der die Verbindung von männlicher und weiblicher Kraft (in jedem einzelnen Menschen) imstande ist, alle Lebensschwierigkeiten zu meistern.

Für Astrid Lindgren, die »Mutter« der durchaus hyperaktiven, aber sozial prächtig integrierten Kinder Pippi Langstrumpf und Michel von Lönneberga, war das »grenzenloseste aller Abenteuer der Kindheit (…) das Leseabenteuer. Für mich begann es, als ich zum ersten Mal ein eigenes Buch bekam und mich da hineinschnupperte. In diesem Augenblick erwachte mein Lesehunger, und ein besseres Geschenk hat das Leben mir nicht beschert. Heutzutage wissen ja wohl alle Eltern, dass ihre Kinder Bücher brauchen ... oder etwa nicht? Falls es noch welche geben sollte, die das nicht wissen, dann kommt zu mir, liebe Freunde, damit wir darüber reden, denn mir liegt sehr viel daran, euch zu überzeugen. Ich weiß zwar nicht, was ihr euch für euer Kind erträumt und erhofft, aber ich weiß, dass es für alle Wechselfälle des Lebens besser gerüstet ist, wenn es lesehungrig ist.

Was eigentlich wünscht ihr euch für euer Kind ... vielleicht zunächst einmal etwas so Banales wie, dass es in der Schule gut vorankommt? Ja, aber dann müsst ihr ihm den Weg zum Buch weisen, und zwar nicht nur zum Lehrbuch, sondern auch zu solchen Büchern, die seine Lesegier einzig und allein dadurch wecken, dass sie lustig und spannend sind. Ist es nicht wunderbar, dass euer Kind nur dadurch, dass es etwas tut, was ihm Spaß macht, sich um vieles besser ausdrücken und schreiben lernt und so viel mehr über die Welt erfährt, selbst über so was, das man in der Schule können muss?

Habt ihr guten Kontakt zu eurem Kind? Oder kapselt es sich in einer eigenen Welt ab, zu der ihr keinen Zutritt habt? Wünscht ihr mitunter, ihr wüsstet ein wenig mehr darüber, was in ihm vorgeht? Ja, aber dann müsst ihr ihm den Weg zum Buch weisen! Zusammen mit eurem Kind müsst ihr lustige oder auch traurige Bücher lesen, egal welche. Eins weiß ich, ihr werdet bald entdecken, dass diese Bücher das beste Verbindungsglied sind, das es gibt. Vertrautheit stellt sich ein, wenn ihr zusammen über ein Buch lacht oder weint. Und vieles von dem, was euer Kind innerlich beschäftigt hat, kommt zur Sprache, wenn ihr euch über das Gelesene unterhaltet.«[9]

Wenn Deutschlands Schüler bei dem weltweit größten vergleichenden Schulleistungstest »Pisa« auf den untersten Rängen landeten und dies vor allem daran lag, dass die deutschen Schüler die niedrigste Lesekompetenz aufwiesen,[10] dann kann man die Weitsicht von Astrid Lindgren nur staunend zur Kenntnis nehmen.

VII
Verschollen in Utopia

»Ich träume mir ein Land,
da wachsen tausend Bäume,
da gibt es Blumen, Wiesen, Sand
und keine engen Räume.
Und Nachbarn gibt's, die freundlich sind,
und alle haben Kinder,
genauso wild wie du und ich,
nicht mehr und auch nicht minder.

Ich träume mir ein Land,
da wachsen tausend Hecken,
da gibt es Felsen, Büsche, Strand,
und kleine dunkle Ecken.
Und Nachbarn gibt's, die lustig sind,
und alle feiern Feste,
genauso schön wie deins und meins,
und keines ist das Beste.

Ich träume mir ein Land,
da wachsen tausend Bilder,
da gibt es Rot und Grün am Rand
und viele bunte Schilder.
Und Nachbarn gibt's, die langsam sind,
und alles dauert lange,
genauso wie bei dir und mir,
und keinem wird dort bange.«

Erika Krause-Gebauer

Das Gefühl zu einem Bild und das Bild (zusammen mit dem Gefühl) zur Sprache zu bringen ermöglichen Aus-Druck. Sprachliches Ausdrucksvermögen reduziert Gefühlsdruck. Dieser muss sich dann nicht handelnd – hypermotorisch, ggf. auch zuschlagend – darstellen, sondern kann auf diesem Weg sprachlich vermittelt werden. Sprache entfaltet sich im Dialog. Und der Sprachdialog reduziert Hyperaktivität.

Nun gibt es aber die »Traumsuse« und die Geschichte vom »Hans Guckindieluft« – Letztere folgt gleich auf »Die Geschichte vom Zappelphilipp« –, die gar nicht ansprechbar erscheinen, nur in die Luft schauen und vor sich hin träumen. Im Zweifelsfall fallen sie auf die Nase, plumpsen ins Wasser oder bekommen im Unterricht nichts mit, kriegen sozusagen »nichts gebacken«. *Diagnose:* Aufmerksamkeitsstörung; *Ätiopathogenese (Verursachungsgeschichte):* genetisch determiniert; *Vorbeugung:* nicht nachgefragt; *Therapie:* Ritalin.

Wenn ein Kind tagträumen, das heißt seine Gefühle zu Bildern bringen kann, dann kann es schon sehr viel. Für viele Kinder aus schrecklichen familiären Verhältnissen stellt das Tagträumen die einzige Chance dar, zu überleben. Sie verlieren sich in ein erträumtes Land und überschreiten damit die Grenzen des in der äußeren Realität Gegebenen. Tagträume werden zu Entwürfen, die als Utopie in der äußeren Realität des Kindes noch keinen Ort (où topos) haben, aber einen inneren Zufluchtsort darstellen können. Ohne die Chance zum Tagträumen würden diese Kinder körperlich krank werden oder ihren Druck durch negative Gefühle handelnd-destruktiv ausdrücken.

Es gibt aber auch Kinder, die sich in ihrer Familie offensichtlich wohl fühlen, dort gut aufgehoben sind, aber dennoch sich in ihren Tagträumereien verlieren können. Sie erscheinen oft langsamer, trödeln gern, können aber auch ungeheuer kreativ sein. Was sie brauchen, sind Freiräume, in denen sie sich spielerisch entfalten können, um darin der äußeren Realität zu begegnen. Vielleicht haben diese Kinder ein (genetisch begründetes?) stärkeres Bedürfnis für Freiräume als andere Kinder, vielleicht fühlen sie sich aber auch anderweitig eingeengt, ohne dass dies auf den ersten Blick erkennbar ist. Denkbar wäre dies bei unterschwelligen Erwartungen oder Ängsten im sozialen Umfeld (zum Beispiel, wenn in der Familie ein Kind gestorben ist oder mehrere Fehlgeburten vorangingen) oder bei besonders erfolgreichen und hübschen Geschwistern oder auch bei einer kleinen Wohnung im zehnten Stock eines Hochhauses.

Wer gibt uns das Recht, von einer Aufmerksamkeitsstörung zu sprechen, wenn wir Kindern mit einer andauernden Tagtraumverlorenheit begegnen? Die Kinder widmen ihren inneren Bildern viel Aufmerksamkeit, nur uns als dem äußeren Gegenüber nicht und dem, was um sie herum ist. Wer tagträumt, stellt sich den Herausforderungen des Lebens nicht, meistert nicht die anstehenden Aufgaben und Konflikte, scheint irgendwie faul – meinen wir dann. Deswegen mochte auch der sonst so aufgeklärte Sigmund Freud die Tagträume nicht, hielt sie eher für störend. Eine andere Meinung vertrat Ernst Bloch.[1] Für ihn waren Tagträume der Grundstoff für gesellschaftsverändernde Utopien. Tagträume bargen für ihn immer auch ein Moment der Hoffnung, dass die äußere Wirklichkeit sich mal so darstellen *könnte*, wie die Tagträume sie uns vorstellten.

Wenn wir tagträumenden Kindern begegnen, die damit zufrieden sind, sollten wir mit einer Diagnose recht behutsam sein (siehe hierzu auch das Kapitel »Zeit zum Träumen – die Natur in Freiheit setzen«, in Schiffer, E. 1993/99). Und

wenn wir meinen, dass unsere Kinder sich in den Tagträumen verlieren könnten, dann sollten wir ihnen dialogische
Freiräume – zum Beispiel über die Gutenachtgeschichte –
eröffnen oder spielerische Freiräume wie zum Beispiel den
Abenteuerspielplatz im Stadtteil Römerbrunnen (siehe Seite
100–105).

Dialog und Spiel »wirken« als Freiräume umso besser, je
früher sie dem Kind eröffnet werden (Schiffer, E. 2001).

Und Ritalin bei Tagträumern und Tagträumerinnen?
Nun, solange wir nicht Aldous Huxleys »Schöne neue Welt«
zur Utopie machen (die fast schon keine Utopie mehr ist),
halten wir es für eine pädagogische Bankrotterklärung.

VIII
Gesehen werden und sehen können

»Zweifellos lässt sich unter dem Einfluss der Medien eine allgemeine
Tendenz zur Forcierung der Bewegungswahrnehmung ›feststellen‹.
Betrachtet man die Reihenfolge der Reifungsprozesse des Gehirns im
Säuglingsalter, so fällt auf, dass die Bewegungszentren des Gehirns
besonders früh eine Markreifung aufweisen. Dementsprechend findet
die Wahrnehmung von Bewegungen im Säuglingshirn ein besonderes
Interesse. Die gegenwärtige Akzentuierung der Bewegungswahrnehmung,
im Fernsehen zum Beispiel, könnte in diesem Sinne ›neuropsychologisch‹
als Regression charakterisiert werden.«

Detlef B. Linke

In der sonst eher unruhigen zweiten Grundschulklasse ist es
mucksmäuschenstill. Die Lehrerin (Zweitautorin) spielt zusammen mit der Klasse »Ich seh mal was, was du nicht
siehst«. Gemeint ist damit, dass die Kinder in der auf den
Kunstunterricht folgenden Stunde alle ihre Bilder aufgehängt haben und nun die Lehrerin in unsystematischer
Folge jedes Bild in seinen Einzelheiten beschreibt. Die Kinder sind dabei aufgefordert, herauszufinden, welches Bild
denn jeweils beschrieben wird. Das Thema war: Wir malen
die Hexe aus dem Weihnachtsmärchen. Vierundzwanzig
verschiedene Hexen sind dabei entstanden, die sich alle deutlich voneinander unterscheiden, sodass es den Kindern früher oder später gelingt, herauszufinden, welche Hexe von
der Lehrerin jeweils beschrieben wird. Die Kinder sind von
dem Spiel fasziniert und möchten es am nächsten Tag gleich

Viele verschiedene Hexen ...

noch mal spielen. Und wieder ist es in dieser Klasse mucks-mäuschenstill.

Hintergrund dessen ist zunächst, dass jedes Kind mit seinem schöpferischen Produkt – gleich ob Bild, Bastelei, Lied oder Aufsatz – identifiziert ist. Die Bilder, die vorn in der Klasse von der Lehrerin beschrieben werden, *sind* die Kinder. Es werden also in dem Spiel »Ich seh mal was, was du nicht siehst« nicht nur die Bilder, sondern auch die *Kinder* in ihrer Identität und Unterscheidbarkeit beschrieben. Und das Bedürfnis nach Identität und Unterscheidbarkeit ist genauso existenziell wie das nach Liebe und Anerkennung. (Unbeschadet dessen, dass es zu dem Bedürfnis nach Identität und Unterscheidbarkeit auch das polare Bedürfnis, nämlich einer Gruppe anzugehören, gibt.) *Voraussetzung für die Unterscheidbarkeit und Identitätsbildung der Schüler über ihre Bilder ist die Freiheit im Kunstunterricht, dass jedes schöpferische Produkt in der Intention gilt, in der es vom Schüler geschaffen wird.* Es gab also keine normierte Hexe, die gemalt werden musste. Die Vorgaben des Unterrichts bestanden in den Materialien, dem Thema und in der Mindest- beziehungsweise Maximalzeit, über die die Kinder verfügen konnten beziehungsweise sollten. Pädagogische Interventionen erfolgten da, wo die Kinder – in der Anfangsphase des Kunstunterrichts noch mehr als zum Zeitpunkt der Hexenproduktionen – dazu neigten, »Husch-husch-fertig-Produktionen« abzuliefern.

Die Kinder schauen vom Anfang bis zum Ende des Spieles gebannt auf die Bilder. Diejenigen, deren Bild beziehungsweise Identität noch nicht beschrieben worden ist, sind natürlich interessiert zu wissen, ob sie jetzt »dran sind«. Die anderen, die es bereits im wortwörtlichen Sinne genossen haben, vor aller Augen und Ohren in ihrer Identität und

Unterscheidbarkeit wahrgenommen zu werden, können nun zufrieden und entspannt die fortschreitende Identifizierung der Bilder verfolgen. Es gilt das einfache Motto: Wenn ich in meiner Identität wahrgenommen und anerkannt werde, dann kann ich auch entspannt die Identität meines Nachbarn wahrnehmen und gelten lassen. Und die erkennbar anders gestaltete Identität meines Nachbarn lässt meine eigene desto deutlicher hervortreten.

Faszinierend für die Lehrerin war die in dieser Stunde von den Kindern gezeigte Fähigkeit, sich auf das Gesamtbild – das die zusammengestellten Einzelarbeiten abgaben – zu konzentrieren und darin *verweilend* nach Einzelheiten zu suchen, um dann jeweils das Einzelbild zu identifizieren. Die Kinder wanderten mit ihren Blicken in dem Gesamtbild, konnten aber in diesem verweilen – sie wurden nicht abgelenkt –, um sich dann mit dem gemeinten Einzelbild zu beschäftigen.

Bemerkenswert an dieser Klasse war, dass deren Unruhe, die sich anfänglich auch im Kunstunterricht zeigte, besonders in diesem Fach gegen Ende des Schuljahres immer mehr zurückging. Auch die hypermotorischen und unaufmerksamen Kinder konnten im Verlaufe des Schuljahres eine immer größere Werktreue zeigen, das heißt, dass sie immer länger und konzentrierter an ihren Bildern arbeiten konnten.

Fazit: Wird das Bild (Bastelarbeit, Lied, Aufsatz, körperliche Übung, neu erworbene Kompetenz …) gesehen, so wird auch *das Kind* gesehen *und in seiner Identität* wahrgenommen. Es kann aber nur die Identität des Kindes sein, wenn sich in dessen schöpferischer Produktion auch *seine* Absicht und Kompetenz widerspiegeln, die nicht durch eine Schablone prä- oder deformiert worden sind.

Wenn Kinder Bilder malen – vom Urkreuz und Urknäuel

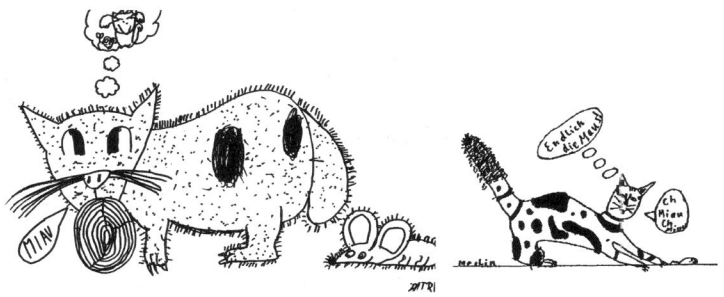

Malen meint auch ein Entdecken von Kompetenz …

NACHDENKEN ÜBER ZAPPELPHILIPP

an – und ihr »Produkt« voller Stolz zeigen, dann sollten diese Bilder nicht nur im Kinderzimmer, sondern zumindest in der Küche aufgehängt werden. Einen besseren Platz hätten sie freilich noch in der Nähe von Mutters oder Vaters Schreibtisch, Arbeitsplatz, »guter Kommode« ...

Ein Bild lädt zum betrachtenden Verweilen ein. Und verweilend etwas wahrnehmen können stellt auch hirnphysiologisch eine bedeutsame Weiterentwicklung gegenüber der frühen Wahrnehmungsfähigkeit im Hin-Blick auf bewegte Objekte dar. Das Kind braucht jetzt nicht mehr vorwiegend bewegte Objekte, um Interesse und Aufmerksamkeit zu zeigen. Dies erlaubt auch den Umkehrschluss, dass Kinder nicht mehr stehende Tafelbilder »beweglich« werden lassen müssen, indem sie ständig selbst in Bewegung sind. (So gesehen stellt der Rückgriff auf Videokassetten im Unterricht eine problematische Anpassung an die Pathologie der Schüler dar.) *Wenn Kinder also außerhalb des Kindergartens und der Schule zu Hause auch noch malen können (nicht: müssen!), dann kann ihnen dies nur gut tun.*

Malen meint auch ein Entdecken von Kompetenz. Besonders in der »Prägezeit« des ersten Schuljahres sind die mit ihrer Lehrerin oder ihrem Lehrer identifizierten Kinder sehr empfänglich, können stark ermutigt oder beschämt werden:

Als erstes Bild hatten die Kinder Fu und Fara – die Helden ihrer Lesefibel – gemalt, wie sie in ihrem Ballon fliegen. Alle Bilder hängen nun vorne und werden betrachtet. »Der Ballon von der Sonja ist ja ganz schief«, äußert sich ein Kind zu einem Bild, auf dem der Ballon tatsächlich etwas schräg und deformiert erscheint.

»Vielleicht sind Fu und Fara mit ihrem Ballon gerade in einen Sturm geraten«, gibt ein Mitschüler spontan zu bedenken. Sonja nickt und ist mit dieser kurzen Geschichte zufrieden. Das Kind, das sich kritisch dazu geäußert hatte, auch. »Auf dem Bild da vorne von Kevin sieht man Fu und Fara ja gar nicht in dem Korb vom Ballon«, bemerkt ein weiterer Mitschüler. »Ich glaube, die bücken sich gerade, um die Gasflasche auszuwechseln«, schlägt ein anderes Kind vor. Der Schüler, der das Bild gemalt hat, ist ebenfalls mit dieser Kurzgeschichte zufrieden. Die Stimmung in der Klasse bleibt heiter und gelöst, kein Kind fühlt sich beschämt oder ausgelacht. Jedes einzelne Kind wird ermutigt, sich nach seinen Möglichkeiten zu entfalten, und dabei über vermittelnde Kurzgeschichten akzeptiert. Hierüber wird auch das Fairplay (siehe Seite 78–79) gefördert, keiner muss siegen oder der Bessere sein, entscheidend ist die Freude am gemeinsamen Tun. Und aus dieser heraus entfaltet sich Begeisterung. Und begeistert, enthusiastisch sein heißt: »bin eines Gottes voll«[1]. Dann brauche ich auch nicht ständig voller Unruhe nach neuen Außenreizen suchen.

Wenn allerdings die Kommentierungen der Mitschüler in diesem Zusammenhang durchgängig zu entwertend gewesen wären, hätte die Lehrerin an dieser Stelle mit einer eigenen positiven Interpretation eingreifen müssen, um die »Infektionskette« negativer Kommentare zu unterbrechen. Kinder, die mit ihren Eigenproduktionen überwiegend negative Kommentierungen erfahren haben, geben diese auch gerne an ihre Mitschüler weiter. Die Folge ist eine allgemeine Hemmung, der Spaß am Prozess geht verloren, weil mit einer schlechten Bewertung des eigenen Produktes eine Kränkung des Selbstwertgefühls quasi vorweggenommen wird.

Mehr zu der präventiv und salutogenetisch (gesundheitsförderlich) bedeutsamen schöpferischen Heiterkeit in den folgenden Kapiteln.

IX
Ästhetische Erziehung:
Auch der Weg ist das Ziel

»Wollen wir ein Volk von Idioten? Man müsste nur die Lehrpläne
technologisch ausrichten und den Unterricht mit Videos, Computern und
Multimedia-Produkten gestalten. Das Lernziel wäre dann, bei Standard-
tests hervorragend abzuschneiden. Alles, was für den späteren Job wenig
abwirft – Musik, Kunst, Geschichte –, fällt weg. Ein Volk von Idioten wäre
das Ergebnis.«

Clifford Stoll

»Kunst erfasst alle Komponenten der Kognition.«

Detlef B. Linke

Müde schleppen sich die Kinder der vierten Klasse über den
staubigen Feldweg. Die Trinkflaschen sind leer oder deren
Inhalt ist unerquicklich warm. Die Beine sind müde und die
Füße schmerzen. Plötzliche Begeisterungsrufe lassen die
»Karawane« aufleben: Das Ziel des Klassenausfluges, ein al-
tes Hünengrab mit riesiger Steinplatte, ist sichtbar. Auch das
Grillfeuer ist schon von weitem zu erkennen. Die meisten
der Jungs stürmen los, um als Erste auf der Steinplatte zu
stehen. Markus, hyperaktiv, hatte sofort das Hünengrab aus
der Ferne entdeckt, ist auch als Erster losgerannt. Er schubst
einige Klassenkameraden zur Seite, die dennoch vor ihm das
Hünengrab erreicht haben und gerade dabei sind, auf die
große Platte zu klettern. Es gibt Gebrüll, Gezerre. Markus

wird am Bein festgehalten und purzelt ziemlich heftig die großen Steine, die die Deckplatte tragen, herunter. Die Folgen: Hautabschürfungen, blaue Flecken, Prellungen, aber keine Knochenbrüche …

Dem Impuls, Erster sein zu wollen, sind die meisten Jungen der Klasse gefolgt, Markus und Benjamin zeigten sich dabei am rücksichtslosesten.

Als Erster am Ziel anlangen wollen ist, wenn man so will, »typisch männlich«. Allerdings scheint sich die damit verknüpfte Konkurrenzhaltung in den letzten Jahren doch deutlich gewandelt, das heißt intensiviert zu haben. Bezeichnend sind auch die heute gängigen Schimpfworte auf dem Schulhof. Während früher vornehmlich das »Analvokabular« Ablehnung und Abscheu verdeutlichen sollte, sind es heute Begriffe wie »Spasti«, »Loser« und »Weichei«, die die Verachtung gegenüber einem Verlierer transportieren, gegen den man sich – wie vordem gegen den Dreck – abgrenzen muss. Aber nicht nur da, wo es um das »Schneller, Höher, Weiter, Besser« geht, auch in anderen Bereichen greifen Wettbewerbsmentalität und Siegenmüssen immer mehr um sich. Da gab es zunächst in der Bundesrepublik Deutschland Anfang der Sechzigerjahre den Wettbewerb »Jugend forscht«. Dieser Wettbewerb richtete sich an junge Erwachsene, sich bereits aus der Schulsituation heraus dem wissenschaftlichen Leistungs- und Konkurrenzdenken zu stellen. Vorgängig war der »Sputnik-Schock«, der 1957 mit dem ersten sowjetischen Satelliten in der Zeit des Kalten Krieges die westliche Welt erschütterte. Ungefähr zeitgleich diagnostizierte der Heidelberger Religionsphilosoph Georg Picht – von Haus aus Philologe – für die Bundesrepublik eine »Bildungskatastrophe«.

Die aus der Konkurrenz mit dem Sowjetkommunismus

heraus mit entstandene Verschreibung an Technik und (Natur)wissenschaft sowie die damit verknüpfte Konkurrenzideologie überdauerten den Kalten Krieg und den Sowjetkommunismus. Und heute gibt es nicht nur den Wettbewerb »Jugend forscht«, sondern ebenso ähnlich konstruierte Jugendwettbewerbe für das Musizieren, Singen, Malen, Turnen, Tanzen, Lesen. (Selbst die Entwicklung der Kleinkinder scheint heute im Wettlauf gegen Normaltabellen zu erfolgen.) Es sind also gerade die schöpferischen Aktivitäten im Kindes- und Jugendalter, die vom Konkurrenzdenken erfasst wurden. Die kindliche Welt des Spielens und schöpferischen Handelns wurde von den »Grauen Herren« kolonialisiert – so wie dies von Michael Ende eindringlich in seiner Geschichte um Momo beschrieben worden ist. In der Welt der Konkurrenz und Wettbewerbe gilt nicht mehr das Tun selbst. Nur das Ergebnis, das bewertbare Produkt, dem man eine Note oder einen Platz auf der Ranking-Liste zuweisen kann, zählt. Und so zählt auch für die Schüler nur das, was zählbar, das heißt bewertbar ist. Der ganze Schulausflug taugt nichts. Wichtig ist nur, wer als Erster auf der Steinplatte ankommt. (Siehe hierzu auch Schiffer, E. 1993 und 1997).

Das Gleiche wiederholt sich bei museumspädagogischen Veranstaltungen. Aufgaben, bei denen die Kinder detektivisch Bildausschnitte auf ihrem Arbeitsbogen in den ausgestellten Bildern einer Kunsthalle wiederfinden und diese dabei betrachten sollen, werden von den Kindern in der Regel so gelöst, dass diese weniger auf die Bilder als vielmehr auf die Schnelligkeit achten, mit der sie die Aufgabe lösen. Schade drum. Vielleicht könnte in dieser Situation weiterhelfen, wenn jedes Kind nur *sein* Bild sucht und dazu *seine* Geschichte erzählt.

Bleibt allerdings die Frage, ob der geeignetste Weg nicht

der wäre, während der gesamten Grundschulzeit auf jegliches »Schneller, Besser ...« in den schöpferischen Fächern – einschließlich »Leibesübungen« – zu verzichten. Denn in den schöpferischen Fächern ist das »Selbertun« mindestens genauso wichtig wie das Ergebnis, das Produkt. Es entfaltet sich im schöpferischen Handeln ein Weltbezug, der nicht durch ständiges »Auf-der-Hut-sein-Müssen«, um im Konkurrenzfall der Erste zu sein, gekennzeichnet ist, sondern durch *Gelassenheit*. Schöpferische Darstellung – gleich ob beim Malen, Turnen, Tanzen, Singen, Aufsatzschreiben ... – meint nicht Re-Produktion oder Nachahmung, sondern *eigene* Darstellung des als wesenhaft Empfundenen. Wie dies zu einer zunehmenden Vertrautheit mit der Welt und mit sich selbst und einer daraus resultierenden Gelassenheit führen kann, soll im folgenden Exkurs skizziert werden (Schiffer, E. 2001):

Die Kinder eines dritten Schuljahres haben im Kunstunterricht Schmetterlinge gemalt – Schmetterlinge, denen man das »Schmetterlingshafte« so richtig schön ansehen kann. »Aber für mich ist das gar kein richtiger Schmetterling«, meldet sich eine kritische Stimme, »der hat ja zwei verschiedene Flügel!« Stimmt – *so* gesehen. Trotzdem vermittelt das Bild ganz viel von dem, was einen Schmetterling auszumachen scheint.

Dieser Widerspruch in den Sichtweisen und Meinungen ist fast zweieinhalb Jahrtausende alt. Für Platon (427–347 v.Chr.) galt ein Bild nur etwas, wenn der auf ihm abgebildete Gegenstand möglichst naturgetreu dargestellt war. Allerdings vermittelte ein Bild für ihn grundsätzlich nur eine Wirklichkeit »dritter Klasse«. Hingegen bezeichnete er das unmittelbar mit unseren Sinnen Wahrgenommene als eine Wirklichkeit »zweiter Klasse«.

Die Wirklichkeit »erster Klasse« (die Welt der »Ideen«) liegt bei Platon jenseits unserer sinnlichen Wahrnehmungsmöglichkeiten und ist uns nur gedanklich über Begriffe zugänglich.

Die unmittelbar mit unseren Sinnen erfahrbare Welt als Wirklichkeit zweiter Klasse stellt eine unzuverlässige, trügerisch-täuschende Abbildung dieser Wirklichkeit erster Klasse dar. Und ein Bild ist dann eine noch fragwürdigere Nachahmung dieser sowieso schon unzuverlässigen Abbildung der »wahren« Wirklichkeit.

Aristoteles (383–322 v. Chr.) hat diese Vorstellung Platons vom Kopf auf die Füße gestellt.[1] Die Freude, die mit den Sinnen erfahrbare Wirklichkeit in einem schöpferischem Akt nachzuahmen, beschreibt Aristoteles als ursprüngliche Freude des Menschen. Diese könne man besonders gut bei Kindern wahrnehmen. Sie rühre daher, dass über eine nachahmende Darstellung, zum Beispiel auch über ein Bild, etwas *wiedererkannt* werden könne.[2]

Aber das Wiederkennen beziehe sich nicht auf den Grad der Übereinstimmung zwischen Urbild und Abbild. Vielmehr bedeutet dieses »Wiedererkennen, dass man das Gesehene auf das Bleibende, Wesentliche hin sieht, das von den kontingenten (zufälligen, E.S.) Umständen des Einmal-gesehen-Habens und des Wieder-gesehen-Habens nicht mehr getrübt ist (…) Was (…) sichtbar wird, ist also gerade das eigentliche Wesen …«[3]. Was in unserem Fall eben das »Schmetterlingshafte« wäre.

In der schöpferischen Darstellung, gleich ob Erzählung, Schauspiel, Tanz, Bild, Musik, entbirgt sich also gerade die – nach Platon nur begrifflich erfassbare – »Wirklichkeit erster Klasse«. Über das Wiedererkennen im schöpferische Handeln wird nicht nur »das Allgemeine sichtbar«, sozusagen die »bleibende Gestalt«. Im Erkennen des Wesenhaften »liegt auch, dass man sich in gewissem Sinne selber mit erkennt«[4].

Die Schmetterlingsdarstellung spiegelt das Sehen, die Bewegung und das Bewegtsein unserer jungen Malerin wider. Und natürlich auch Bewegung als das Wesenhafte des Schmetterlings ... »Alle Wiedererkennung ist Erfahrung steigender Vertrautheit, und alle unsere Welterfahrungen sind letzten Endes Formen, in denen wir die Vertrautheit mit dieser Welt aufbauen.«[5] Rodula, so heißt unsere junge Malerin, wird in ihrer Wahrnehmung das Tänzerisch-Gaukelnde des Schmetterlingsfluges mit ihren eigenen Bewegungsempfindungen gut verknüpft haben. Voller Grazie, Temperament und Lebensfreude sind die Bewegungen der kleinen Griechin selbst. Die Lehrerin strahlte, als sie von ihrer Rodula erzählte. In dem Wesenhaften des Schmetterlingsbildes scheint – hier überdeutlich – auch Rodulas Identität auf. Nicht immer sind solche Zusammenhänge so einfach wie bei Rodula und ihrem Bild zu erkennen. Vielmehr ist es ja oft erst die Chance eines Bildes oder einer anderweitigen Darstellung, dass darin bislang Verborgenes, aber dennoch Wesenhaftes – im aristotelischen Sinne – beim Betrachten allmählich deutlich wird, sich entbirgt.

Die »Vertrautheit mit der Welt«, die in der Begegnung mit dem Wesenhaften in der schöpferischen Darstellung sich entfaltet, ist also immer da zu spüren, wo Kinder ihren schöpferischen Eigen-Sinn zeigen dürfen. In solch einer Prozessorientierung, die das Ergebnis, das Produkt nicht unbeachtet lässt, aber nicht als das entscheidende Kriterium ansieht, kann das Konkurrenzdenken im Kindesalter nicht derartig wuchern, dass die Kinder nur noch den Sinn des Spielens und ihre Identität im Siegen finden. Die Kinder werden gelassener. Darüber hinaus lässt sich in der Klassengemeinschaft im Kontext einer solchen ästhetischen Erziehung Ähnliches wie in einer Therapiegruppe mit Patienten verfolgen, in der gemeinsam etwas gestaltet wird. Es entfaltet sich nämlich sowohl in der Beziehung der Schüler wie auch der Patienten untereinander in der jeweiligen Gesamtgruppe eine Haltefunktion dem einzelnen Patienten/Schüler gegenüber: »Es hat einfach Spaß gemacht und wir waren gut drauf, als wir zusammen gemalt hatten …«, heißt es dann.

Fahrrad

Ann-Christin Vogt

In solch einer Situation werden die »Husch-husch-fertig-Produktionen« immer seltener, Schüler/Patienten schauen ihre eigenen Bilder an und die der anderen, tauschen sich aus, jedes Bild wird wahrgenommen. Welches nun das beste sei, ist kaum noch interessant.

Bemerkenswert erscheint, dass gerade auch Gemeinschaftsproduktionen von Kindern/Patienten etwas von diesem Prozess widerspiegeln:

In einer vierten Klasse lautete das Thema in Anlehnung an ein zuvor betrachtetes Kandinsky-Bild »Wir malen quadratische Kreise und machen daraus ein großes quadratisches Bild«. Begeistert zauberten die Schüler auf den weiß überdeckten Bierdeckeln ihre Kreiskompositionen. Und staunten dann nicht schlecht, wie faszinierend »flimmerig« all die kleinen Quadrate zu einem großen Quadrat zusammengefügt aussahen. Die Schüler entdeckten die beeindruckende Qualität einer Gemeinschaftsproduktion, in der ihr »je Eigenes« nicht unterging, sondern gut aufgehoben war. Wir können davon ausgehen, dass die Schüler schon verstanden, wie sie den jeweils anderen brauchten, »um selbst besser zu wirken«. Nicht besser sein, den Nachbarn ausschalten oder dessen Quadrat herausnehmen, sondern *gemeinsam* etwas gestalten befriedigte und erfreute die kleinen Künstler wie auch die Betrachter dieses Werkes[6] (siehe die Abbildung auf der Buchrückseite).

Diese Situation unterscheidet sich fundamental von dem am Kapitelanfang geschilderten Sturm auf das Hünengrab. Nicht Rücksichtslosigkeit, sondern Wahrnehmung der Mitwirkenden wird gefördert, nicht der Erste am Ziel sein, sondern zusammen ankommen; nicht der Beste sein müssen, sondern *gemeinsam* das Werk betrachten; erfahren, dass ich für *meine* Wirkung die *Mit*-Wirkung der anderen benötige;

nicht kurzfristiger Triumph, sondern lang anhaltende, durch die Mitfreude der anderen vervielfachte gemeinsame Freude. Und alles ohne erhobenen Zeigefinger …

Wenn Kunst, das heißt ästhetische Erziehung, alle Komponenten der Kognition fördert,[7] dann sind künstlerische Wettbewerbe unter Jugendlichen, in denen es »sehenden Auges« darum geht, den Konkurrenten »auszuschalten«, mit Vorsicht zu genießen. Denn die Chance des gemeinsamen Gestaltens, z.B. des gemeinsamen Musizierens, bedeutet eben eine Wahrnehmung des »Du« im Sinne des Fairplay – den anderen sich nach seinen Möglichkeiten entfalten lassen und nicht ausschalten. Der Zauber, der von der altmodischen Hausmusik ausging, ist hierfür ein wunderschönes Beispiel.

Die wertvollen präventiven und gesundheitsförderlichen Momente einer ästhetischen Erziehung gilt es neu zu entdecken, um unseren Kindern eine schöpferische und gelassene Einstellung auch als Schutz gegen ADS zu ermöglichen. Wie in Kapitel 12 gezeigt wird, ist dies nicht erst in der Schule, sondern schon früher im Elternhaus und Kindergarten möglich.

Eine solche schöpferische und zugleich gelassene Einstellung kann sich bei den Kindern allerdings nur festigen, wenn wir als Erwachsene uns selber kritisch befragen, wo wir uns den »Grauen Herren« mit ihrem »Schneller, Höher, Weiter, Besser« unterworfen haben. Denn eine solche Unterwerfung färbt auch, ohne dass wir es recht merken, auf unsere Kinder ab. Davon handelt das nächste Kapitel.

X
»Wer nicht gewinnt, verliert«

»Wir brauchen (…) dringender denn je die Utopie einer menschlichen
Gesellschaft im Einklang mit der Natur (…). Gesellschaft ist nicht die
Zertrümmerung von Gemeinschaft durch industriell hergestelltes Glück.
Gesellschaft ist Gemeinschaft. Ist das Utopie, desto schlimmer für die
Wirklichkeit. Natur ist nicht, was vielleicht übrig bleibt nach Vollzug des
Vorrangs für deren industrielle Vernutzung. Natur ist, schlicht übersetzt,
Schöpfung Gottes. Diese hat Vorrang, nicht (…) der Mensch als
industrieller Idiot.«

Günther Nenning

Heiko war vollkommen fertig. Als er dem Arzt gegenüber-
saß, kämpfte er mit den Tränen. Jahrelang hatte er in seiner
Bank geackert, die Vorgaben für den Umsatz erfüllt, sogar
übererfüllt. Mit seiner Abteilung stand er ganz oben auf der
Ranking-Liste – der Liste also, auf der die einzelnen Mitarbeiter nach einem bestimmten Punktesystem, das ihre Er-
folge bemisst, aufgelistet sind. Schon in der Schule war Heiko Klassenbester gewesen. Danach hatte er seine Karriere
zielstrebig weiterverfolgt. Er nahm es auch in Kauf, immer
wieder an andere Orte geschickt zu werden, sodass er über
Monate nur am Wochenende seine Familie sah. »Wer nicht
gewinnt, verliert« war seine Devise. In der Konkurrenz mit
seinen Kollegen war er stets der Gewinner. Mit einem be-
dauernden Achselzucken hörte er gelegentlich von deren
Untergang: Krankheit, Schulden, Ehezerrüttung, Suizid.
Und nun war er selber der Verlierer. Seine Bandscheiben-

operation hatte er lange hinausgeschoben – bis es nicht mehr ging. Nach der Operation erfolgte ein mehrwöchiges Heilanschlussverfahren. Als er sich dann wieder zurückmeldete, wurde ihm eröffnet, dass er einem anderen Arbeitsbereich zugewiesen worden sei. Heiko stutzte zunächst, als er davon hörte. Als er dann an seinem neuen Schreibtisch saß, wusste er sofort, was gespielt wurde: kein Telefon, kein Computer, keine Akten, noch nicht einmal eine Schreibunterlage. Auf seinen starken Protest hin wurde ihm kühl nahe gelegt, er könnte ja kündigen, wenn es ihm nicht passe. Die nächsten Wochen waren der reine Terror: Schlafstörungen, massive Rückenschmerzen, Bluthochdruck, Herzjagen ... Wenig später wurde ihm aus Umstrukturierungs- und Rationalisierungsgründen gekündigt. Die Abfindung war zwar recht großzügig, die Chance, in seinem Alter eine gleichwertige Beschäftigung zu finden, gleich null. Immerhin: Die Familie brach nicht auseinander und das Eigenheim war auch schon weitgehend abbezahlt.

Besonders für das Bankgewerbe ist es derzeit typisch, dass der Zahlungsverkehr immer mehr auf Automaten und Computer umgestellt wird und Stellen wegrationalisiert werden. Die Angst aber, seinen Arbeitsplatz zu verlieren und damit insgesamt zu den Verlierern zu gehören, ist vor dem Hintergrund der seit Jahren bestehenden Arbeitslosigkeit mit immer noch vier Millionen Arbeitslosen allgemein weit verbreitet. Diese Angst geht als Gespenst um, dringt in die Familien ein und verändert die Beziehungen zwischen Eltern und Kindern. »Was wird aus meinem Kind? Wird es zu den Gewinnern oder Verlierern gehören?« Die Angst der Eltern wirkt sich unterschiedlich aus: als unterschwelliger, kaum benennbarer, aber dennoch wirksamer Druck; über sorgenvolle Mienen bis hin zu Versprechungen oder Drohungen, Liebesentzug oder permanente Kontrolle. »Suche Nachhilfe für unser Kind« stand schon vor Jahren im Anzeigenteil unserer Heimatzeitung – beim näheren Hinsehen war das Kind gerade im ersten Schuljahr.

Aus ihrer Sorge heraus werden die Eltern zu unfreiwilligen Verbündeten der »Grauen Herren«. Das »Höher, Schneller, Weiter, Besser« als Aufforderung – die schließlich einen inneren Alarmzustand erzeugt – wird jeden Tag erneuert. Dankbar greifen die Eltern auch Heilsversprechungen auf wie z.B. die, dass mit einer Ausbildung am Computer schon im Grundschulalter die Kinder später die besten Chancen hätten. Erfolgreich haben die »Grauen Herren« dafür gesorgt, dass keiner mehr weiß, dass gerade der, der – mit allen Sinnen – spielt und dies zur Sprache bringt, am besten lernt.[1]

Ihre eigene Karikaturensammlung präsentieren die »Grauen Herren« mit dem »Guinness-Buch der Rekorde«. Diese jährlich aktualisierte Zusammenstellung manchmal schon subversiv-komischer Rekorde vermittelt eine modernisierte Form von Selig- und Heiligsprechung. Das »Höher, Schneller, Weiter, Besser« erfährt als Rekordsucht seine höhere Weihe.

Immer mehr Menschen leiden aber unter der Konkurrenz einer entfesselten Marktwirtschaft. »Das gilt im Weltmaßstab genauso wie innerhalb der deutschen Grenzen. Dafür, dass sich das in absehbarer Zeit ändern könnte, gibt es keinerlei Anzeichen, eher im Gegenteil. Die herrschenden Politiker und Ökonomen sind sich einig, in der weltweiten Krise (…) einen flächendeckenden Abbau von sozialen Sicherungen durchzusetzen. Ihre Leitvorstellung: Dem Niedergang der Produktivität muss (…) mit einer Stärkung der Leistungsträger durch einen Rückzug aus nichtproduktiven Bereichen begegnet werden. Da die Subventionen von Armen, Alten, Arbeitslosen und Kranken volkswirtschaftlich unproduktiv ist, wird hier zurzeit am schärfsten geschnitten.

Natürlich wissen wir im Kopf, dass der Mensch mehr ist als sein Marktwert. Natürlich wissen wir, dass die Menschenwürde eine und unteilbar und dieselbe ist beim Stadtstreicher wie beim Oberbürgermeister, beim Nichtsesshaften wie bei Villenbesitzern. Aber sie wirkt nicht so regulativ wie der genannte Marktwert eines Menschen auf das öffentliche Leben. ›Menschenwürde‹ wirkt gerade noch auf Arbeitslosenunterstützung und Sozialhilfe als ›soziale Abfederung‹ derjenigen, die aus der Marktgesellschaft herausgeworfen worden sind.«[2]

Die gespenstische Angst, zu den Verlierern zu gehören, dringt in die Familien ein und prägt in jungen Jahren auch schon die Kinder. Früh ist der Klassenkamerad eben nicht mehr der Kamerad, sondern der Konkurrent. Seine Niederlage ermöglicht, dass nicht er den Ausbildungsplatz oder Studienplatz bekommt, sondern ich der Sieger bin. Wenn ich stets der Erste bin, dann brauche ich auch gar nicht erst meinen Klassenkameraden von den Steinen herunterzustoßen, weil ich schon lange vor ihnen auf der großen Steinplatte des Hünengrabes stehe. Klar: Auf der Hut muss ich schon sein, stets drauf achten, wo es denn ein weiteres Ziel geben könnte, auf das ich ohne großes Nachdenken und Zögern losrennen kann, um als Erster anzukommen.

Aber die Anstrengung lohnt sich, denn Sieger sein – ist gut. Das Leben ist eine große Börse. Stets auf dem Sprung sein, rechtzeitig kaufen und verkaufen, wissen, welche Werte gehalten werden müssen, um die große Pleite zu vermeiden. Was ich dann manchmal vergesse, ist, dass mein Gewinn in der Regel mit der Pleite anderer einhergeht. »Der Markt, auf dem der Gewinner alles bekommt, wird von einer Konkurrenz beherrscht, die eine große Zahl von Verlierern erzwingt.«[3] Eindeutig ist hier der Begriff der »feindlichen Übernahme«, wenn es darum geht, dass ein mächtiges Unternehmen ein schwächeres »schluckt« – wie zum Beispiel die Übernahme von Mannesmann durch Vodafone im Jahre 1999.

Mächtige Großmärkte und Supermarktketten zwingen unmittelbar ihre Mitarbeiter und dann mittelbar auch die Einzelhändler, die Ladenöffnungszeiten auch an Wochenenden immer weiter auszudehnen. »Mehr umgesetzt wird dadurch nicht, aber der Sonnabend ist zum Erholen futsch. Früher haben wir um 13.00 Uhr samstags zugemacht. Das wussten die Kunden und waren spätestens um 10.00 Uhr im Laden. Heute kommen sie erst mittags angetrödelt. Das Einkaufen steht für eine anderweitig sinnvolle Wochenendgestaltung – die ist offensichtlich nicht mehr möglich. Und auch wenn sie gar nichts kaufen, so wollen sie zumindest das Gefühl haben, zu jeder Stunde der Woche das kaufen zu können, was sie glauben haben zu wollen.« Als Clemens, Inhaber eines bedeutenden Möbelhauses, das dem Arzt erzählte, wirkte er erschöpft und resigniert. Ob es denn keine Lobby des Einzelhandels gebe, die das verhindern könnte, fragte der Arzt zurück. »Wer vom Einzelhandel hat schon Zeit, sich mit Politik zu befassen. Die kämpfen doch alle ums Überleben ...«

Jederzeit etwas kaufen können, nicht warten, verzichten müssen – nur das zählt. Überlegen, wünschen, träumen können, all das taugt nichts. Allein die sofortige Wunschbefriedigung gilt etwas. Die Fähigkeit, Zeit ohne Waren- und Fernsehkonsum gestalten zu können, geht immer mehr verloren. Der Unterschied zwischen Sonntag und Wochentag wird eingeebnet. Und in diesem »Einheitszeitbrei« bedarf es immer neuer Konsum-Kicks, »um etwas zu erleben«. Innerfamiliäre Begegnung ereignet sich nicht mehr beim gemeinsamen Spielen, Radfahren, Lesen, Gespräch, Ausflug ... – sondern beim Einkaufen. Und diejenigen, die ihrer Jobs wegen verkaufen und auf zeitlich gesicherte partnerschaftlich-familiäre Beziehung verzichten *müssen*, bekommen die fragwürdige Ehrenplakette »flexibler Mensch«.[4] Dieser muss hektisch nach »Fun« und immer neuen Erlebnissen ausschauen, um sich nicht leer und beziehungslos zu fühlen.

Einer solchen »repressiven Entsublimierung«[5] kann aber auch gegengesteuert werden – zum Beispiel durch den »spielzeugfreien Kindergarten« (siehe Seite 94–98).

Fazit: Wesentliche Elemente des ADS – wie das rücksichtslose Draufloslaufen, um Erster zu sein, Reizsuche, Ungeduld und Rempeln – vermitteln wir als Erwachsene aus den Ängsten, Nöten und Verführungen unserer realkapitalistischen Gegenwart heraus prägend unseren Kindern. Dafür aber sensibel zu werden und nicht nur nach Pillen zu greifen, um die Folgen »abzufedern«, wäre das Erste. Gefühlshaft bedeutsame Interaktionsformen entfalten, in denen es nicht nur darauf ankommt, Sieger zu sein und konsumieren zu können, ein Weiteres.

Davon handeln die nächsten Kapitel.

XI
Spiele ohne Sieger

»Der Mensch spielt nur, wo er in voller Bedeutung des Worts Mensch ist,
und *er ist nur da ganz Mensch, wo er spielt.*«
Friedrich Schiller: »Über die ästhetische Erziehung des Menschen«

»Ästhetische Erziehung ist Veränderung des Verhaltens (als eine Bedingung des Menschen, authentisch zu sein) ... Dies sprengt den Ritualraum.«

Hans-Georg Pott

»Schnellääärr, schnellääärr«, brüllte der Trainer dem etwas dünn und insgesamt eher zierlich geratenen jugendlichen Schwimmer zu. Bibbernd und mit blauen Lippen entstieg dieser wenig später dem Wasser. »Du musst dich mehr anstrengen, Frederick«, sagte der Trainer streng, »sonst machst du unsere ganze Staffel kaputt!« Die Staffel musste dann aber bald ohne Frederick auskommen. Der wollte auch auf das gute Zureden seiner Eltern hin – »Schwimmen kräftigt den ganzen Körper, da kriegst du *solche* Muckis ...« – nicht mehr zu dem Verein. Eine ziemlich gesunde Reaktion, das wurde wenig später dann auch den Eltern klar.

Erst wenige Sportvereine, aber immer mehr Lehrerkollegien, haben begriffen, dass Spielfeste mit Urkunden für *alle* Teilnehmer zumindest genauso wichtig sind wie die Bundesjugendspiele mit ihren Punktzahlen und Urkunden nur für die Sieger. In einer Zeit entfesselter Konkurrenz kann es nicht auch noch im Spiel darum gehen, den anderen als Konkurrenten »auszuschalten«. Vielmehr geht es darum, den an-

deren als Mitspieler in einem gemeinsamen Spiel anzuerken-
nen und sich nach seinen Möglichkeiten entfalten zu lassen.
Es geht dabei um den Spiel*prozess*, der zählt, um das Tun
selbst, nicht vorrangig um den Sieg oder den Platz in der
Rangliste. Diese Haltung ist identisch mit der, die wir in der
ästhetischen Erziehung finden: Nicht die Zensur für das
schöpferische Produkt ist entscheidend, sondern der darstellende Akt selbst und die Wahrnehmung desselben durch andere, ohne dass die zensierende Bewertung dabei im Vordergrund steht. Eine solche Prozessorientierung lässt das
Ergebnis, das Produkt nicht unbeachtet, sieht es aber nicht
als entscheidendes Kriterium.

Ein gleicherweise prozessorientiertes Spielen ist verschie-
dentlich schon vom Erstautor als *Fairplay* beschrieben worden (Schiffer, E. 1994, 1997, 2001).

Fairplay meint ein Spielen in einer Gruppe mit annähernd
Gleichaltrigen oder gleich Interessierten, das trotz des Rau-
fens, des Rivalisierens und auch gelegentlicher Prügeleien
darauf angelegt ist, dem jeweils anderen zu helfen, sich nach
seinen eigenen Möglichkeiten zu entfalten. Der Andere wird
also nicht »ausgeschaltet« – wie es in der gegenwärtig vor-
herrschenden Konkurrenzmentalität so verräterisch in den
Reporterberichten von Sportereignissen heißt. Die Gruppe
entfaltet vielmehr – indem sie mich wahrnimmt und gelten
lässt – eine *Haltefunktion* (»holding-function«), über die ich
mich in der Gemeinschaft mit den anderen geborgen fühle.
So habe ich dann auch weiterhin Freude am Spielen, auch
wenn ich dabei desillusioniert werde, also erlebe, dass die
anderen schneller als ich auf der großen Steinplatte ankommen, besser schwimmen oder klettern, gewandter mit dem
Ball umgehen oder sich besser ausdrücken können. Die Lust
auf Welt bleibt innerhalb solcher Spielerfahrungen trotz

Enttäuschungen erhalten. Gefördert wird dabei die *intrinsische Motivation*. Das ist die Motivation, etwas zu tun, ohne dass ich der Erste sein muss oder einen Preis, eine Prämie bekomme. Die Belohnung liegt in dem Tun selbst.

Fairplay ermöglicht auch den entscheidenden Schritt von der Autonomie zur *verantwortlichen* Autonomie. Mein Gegenüber ist zwar auch mein Gegenspieler, mein Konkurrent, trotzdem verliere ich dessen – das sei etwas altmodisch ausgedrückt – Antlitzhaftigkeit nicht aus den Augen. Er bleibt trotz aller Rauferei mein Spielkamerad und dialogisches Gegenüber. So ist er nicht nur Gegenspieler, sondern auch *Mitspieler*. Erinnert sei an die Spiele von Pippi Langstrumpf oder von Tom Sawyer, Huckleberry Finn und ihren Freunden. In diesen Spielen ging es oftmals wild zu, es gab Gehässigkeiten, Gemeinheiten, aber keiner wurde ausgeschaltet. Der freundschaftlich-tragende Zusammenhalt wurde nicht zerstört. Dies im Unterschied zu meiner Patientin Wiebke, die mit ihrer Freundin um den Platz der »ersten Geige« im Jugendorchester konkurrierte. Wiebke gewann den Wettbewerb und den Platz in der ersten Geige, verlor aber ihre Freundin.[1]

In der oben genannten Haltefunktion der Gruppe kommt das *Bindungsstreben* des Menschen – im doppelten Sinne des Wortes – zum Tragen. Das Bindungsstreben motiviert uns von Geburt an, die Nähe vertrauter und vertrauter werdender Menschen zu suchen. Zu unterscheiden ist das Bindungsstreben, das sich zunächst binnenfamiliär entfaltet, vom Sexualtrieb als der zweiten Motivationskraft, die – jedoch in der Regel später und außerhalb der Familie – die liebevolle Nähe eines anderen suchen lässt.

Über die Bindungsfähigkeit – als Folge guter Bindungserfahrungen – wird unkontrollierbarer Stress gemildert.

Schon bei den Affen. »Bei uns Menschen muss, anders als bei Affen, der Freund oder die Freundin nicht unbedingt neben uns sitzen, um uns die Angst zu nehmen. Uns reicht es schon, wenn wir wissen, dass ein Freund oder eine Freundin, eine Mutter, ein Großvater, einfach irgendjemand, der uns nahe ist, existiert, an uns denkt und alles, was in seiner Macht steht, auch tun wird, um uns zu helfen ...«[2]

Gute Bindungserfahrungen (innerhalb und außerhalb der Primärfamilie) ermöglichen Liebe und Vertrauen, mildern – auch auf neurobiologischer Ebene erklärbar – die Alarmstimmung. Leider hat Bindung in unserer vom Konkurrenzdenken beherrschten realkapitalistischen Gegenwart außerhalb der Primärfamilie – sofern es diese als konstante Einrichtung überhaupt noch gibt – kaum noch Möglichkeiten, sich zu entfalten. So ist es kein Zufall, dass an den Orten, wo das Konkurrenzdenken Bindung und Fairplay verdrängt hat, sich das Mobbing nicht nur als modische

Geborgenheit ...

Wortschöpfung, sondern auch als krank machender Faktor ausbreitet.

Mobbing hat viel Ähnlichkeit mit der Situation, in der der hyperaktive Markus bedenkenlos seine Klassenkameraden zur Seite schubste, die vor ihm die große Steinplatte des Hünengrabes zu erreichen schienen. Und Mobbing gab es unter anderen Namen als Problem immer schon – genauso wie Hyperaktivität. Als gesellschaftliches Problem beschäftigt es uns wie ADS aber auch erst seit den 90er-Jahren des letzten Jahrhunderts.

Nun sind die Lust am Raufen, der Spaß an Wettbewerb und Konkurrenz, die nicht wegdiskutierbare Freude, der Erste zu sein, bei vielen Kindern (eher bei den Jungen als bei den Mädchen) mehr oder minder konstitutionell ausgeprägt. Es kann also nicht darum gehen, diese Eigenschaften zu unterdrücken, damit es nicht zu destruktiven Auswirkungen kommt, die wir dann später als Hyperaktivität oder Mobbing beklagen. Vielmehr bedürfen diese Kräfte eines inneren gestalterischen Gegengewichtes.

Wenn Fairplay, Einfühlungsvermögen und soziale Sensibilität in unserer Konkurrenzgesellschaft dringend gepflegt und gefördert werden müssen, so heißt das aber nicht, allgemeine Begabungen, Neigungen und Talente, die sich entfalten, durchsetzen und ans Ziel kommen wollen, zu unterdrücken oder zu nivellieren. Im Gegenteil! Für eine sichere Identität (siehe Seite 84–87) – in einer Gegenwart mit großer Identitätsunsicherheit – sind sie hochwillkommen. In der Bibelsprache heißt das altvertraut »mit seinen Pfunden wuchern«. Das ist aber etwas anderes als »gewinnen wollen«[3]. Zum Gewinner gehört der Verlierer. Und wo bleibt der? Auf der Südhälfte unseres Denkens? »Selbstwirksamkeit« als Vertrauen in die Handhabbarkeit der auf mich zukom-

menden Herausforderungen und die Fähigkeit, die selbst ge-
stellten Aufgaben zu meistern, ist eine gesundheitsförderliche Kraft.[4] Sie bedarf aber nicht des Siegens im Sinne des
Entweder-oder. Vielmehr kann ich auch, wenn mir etwas
nicht gelingt, Enttäuschungen besser verkraften und brauche
mich nicht als »Loser« zu fühlen, wenn ich meine Welt
schon früh als – spielerisch – gestaltbar begreife und dabei
dialogisch wahrgenommen und ermutigt werde. Eben dies
bewahrt vor passiver Resignation oder blindem Zuschlagen.

Wahr ist: Ich muss nicht alles besser machen, sondern es
ist gut, zu wissen, meine Ressourcen liegen da und dort …
und das heißt auch aus »mehreren Quellen leben können«[5].
Wenn also ADS genetisch begünstigt wird, aber auch noch
durch zusätzliche Momente wie die gegenwartstypische
Konkurrenzideologie der Sieger »angeheizt« werden kann,
so geht es doch darum, produktive und korrigierende Ge-
genmomente zu solch einer destruktiven Entwicklung zu
fördern. Hierzu gehört auch eine Reflexion, was mit »Siegen« eigentlich gemeint sein kann, um freie Sicht auf kons-
truktive Kräfte wie den Bindungstrieb und eine entwickelte
Wahrnehmungsfähigkeit für den *Mit*spieler und dessen Antlitzhaftigkeit zu bekommen. Diese konstruktiven Kräfte gilt
es so früh als möglich zu fördern.

Hier zeigen sich die großen Chancen von Fairplay und
ästhetischer Erziehung schon an der Grundschule, wie fol-
gendes Beispiel zeigt:

In der Theaterprojektwoche 2001 der Grundschule Qua-
kenbrück-Neustadt wurde ein Musical aufgeführt. Außer-
dem waren Stabpuppen in Aktion, es gab Schatten- und
Kasperletheater. Intensiv hatten die Kinder geprobt oder an
der Ausstattung mitgearbeitet.

Zu dem Musical »Ich bin ich und du bist du« sang der

Chor der Grundschule unter anderem das Lied zum Lobe der Phantasie: »Spinnen tut gut ...«. Zentraler Ort der Handlung war »Toms Opa sein Schuppen«, in dem die Kinder ungestört unter sich sein, über ihre Erlebnisse, Wünsche, Hoffnungen, Kränkungen miteinander sprechen konnten, sich in der Gemeinschaft wohl fühlten ...

Nicht nur die Handlung des Musicals selbst, sondern der gesamte schöpferische Prozess der Projektwoche und der Vorbereitungszeit verdeutlichten, dass es nicht darauf ankommt, der Erste zu sein, sondern dass es vielmehr darum geht, sich gegenseitig wahrzunehmen und zu helfen. Eine solche Unternehmung kann aber nur gelingen, wenn alle, die daran beteiligt sind, *innerhalb* dieses Geschehens sich schöpferisch entfalten, ohne die anderen dabei zu verdrängen oder durch Schnelligkeit abzuhängen.

Es ist ein Faszinosum des szenischen Spiels, dass die Kinder schnell begreifen, wie intensiv sie selbst dabei wahrgenommen werden. Dies ermöglicht ihnen wiederum auch, ihre *Mit*spieler wahrzunehmen. Es ereignet sich hier also durchaus Ähnliches wie bei der gemeinsamen Bildbetrachtung. So war es dann nicht verwunderlich, dass in der oben genannten Theaterprojektwoche auch ein hyperaktives Kind gut integriert werden konnte.

Eine besondere Variante stellt dann noch einmal das Schattenspiel dar, in dem das Spielen und die Fremd- wie Eigenwahrnehmung besonders eindrucksvoll wechselseitig verschränkt sind. Die Kinder sind schon beim Spielen auf die unmittelbaren Rückmeldungen ihrer Mitspielerinnen und Mitspieler angewiesen. Die Wahrnehmung des Du ist Grundlage der Kommunikation, Letztere ist aber zugleich auch entscheidend für die Selbstwahrnehmung in dieser Situation. Damit ist auch klar: Will ich etwas über *mich* wissen, muss ich auch dem *Mitspieler* mitteilen, was ich von diesem in seinem Spiel wahrgenommen habe. Der Dialog ist in dieser Hinsicht Bestandteil des Fairplay, zugleich *ist* der Dialog Fairplay.[6] Und da in dieser Spiel- und Dialogsituation sich auch die Identität – als Antwort auf die Frage »Wer bin ich?« – weiter herausbildet, wird das Fairplay in die Identität des Kindes integriert.

Aber »die Schule steht mit ihrer formalen Struktur häufig im Gegensatz zu den Bedürfnissen der Kinder, über Bewegung, Gedanken, Gefühle, Leiblichkeit eine identitätsstiftende Entwicklung umzusetzen.«[7] Zumindest wird eine Identität gefördert, die Konkurrenz und Schubsen als wesentliche Bestandteile mit einschließt.

»Grundschulkinder bekommen Anerkennung häufig nur über die geforderten kognitiven Leistungen – eine Grundschule der Körperlichkeit, der Leiblichkeit, der Bewegung ist nicht in Sicht –, (und) so bleibt das szenische Spiel neben Sport und Musik zunächst die kleine Münze, um den Kindern die Entwicklung neuer Lernpotenziale zu ermöglichen.«[8] Wobei leider auch der Sport in der Grundschule viel zu früh durch Leistungsanforderungen das Selbstgefühl und die Identität eher zersetzt als fördert und zugleich auf Stamm- und Mittelhirnebene festschreibt: Du musst der Erste sein!

Hingegen: »Die besondere Chance des szenischen Spiels liegt vor allem in dem Ansatz, Bewegung und Identitätsförderung, Körperarbeit und Stärkung des Selbst miteinander zu verbinden. Wir alle wissen (…), dass Selbstvertrauen, Vertrauen und Zutrauen als innere Gefühle des ›Selbstwerts‹ angewiesen sind auf die Körperkompetenz der Kinder, das Wahrnehmen und die Sinne: (…) Sich-Bewegen und Bewegt-Sein ist ein untrennbarer Zusammenhang.«[9] Weiterhin ermöglichen die Sprachnähe und sprachliche Reflexion des interaktiven szenischen Spiels dem Kind in seiner Darstellung den körperlichen Ausdruck, das heißt die Bewegung, mit der Sprache zu verknüpfen. Spielend werden die »leibhaftige«, d.h. *affektusensomotorische* und die *narrative* Identität zusammengebracht: Zwischenmenschliche Beziehung ist von Anfang an dialogisch-spielerisch angelegt.

Bereits »Neugeborene folgen einem sich bewegenden Objekt in ihrem Gesichtsfeld mit den Augen. Maximale Sehschärfe besteht auf eine Distanz von 20 cm. Diese Entfernung wird von Eltern intuitiv eingenommen, wenn sie Blickkontakt mit ihrem Neugeborenen aufnehmen wollen«[10]. Für den Außenstehenden wird diese spielerisch-dialogische Begegnung noch deutlicher, wenn das Kind im Alter von zwei Monaten im Kontakt zu lächeln beginnt, die kindlichen Laute nuancenreicher werden, Wohlbehagen und Freude sowie Ärger und Spannung unterscheidbarer werden lassen, die Bewegungen immer zielgerichteter werden. Die Mutter (oder der Vater) nimmt die Gesten und Laute des Kindes auf, wiederholt diese variierend. Kind und Bezugsperson stellen sich dabei in ihrer Körpermotorik und Lautbildung so aufeinander ein wie zwei, die gemeinsam freudig tanzen[11] oder im Duett singen. Die Eltern geben auch Laute des Entzückens von sich, wenn das Kind etwas entdeckt und sein Interesse daran bekundet. Das Kind nimmt die Klapper, fuchtelt mit den Ärmchen, steckt die Klapper in den Mund, wirft sie weg, weist in die Richtung des entschwundenen Gegenstandes, möchte diesen wiederhaben. Die Mutter überreicht ihn mit einem lächelnden »Bitteschön …« und bringt damit auch schon in dieser frühen Phase den Handlungsdialog zur Sprache.

Im dialogisch-spielerischen Geschehen entfaltet sich vom ersten Augenblick an ein *Selbstempfinden* zu einer affektu-sensomotorischen *Basisidentität*. Möglicherweise vollzieht sich dies aber auch schon vorgeburtlich. »Es entsteht das Ge-fühl, eine zusammenhängende physische Einheit zu sein, die der Ort und Sitz von Handlungen und Empfindungen ist.«[12]

Das davon unterscheidbare *»verbale Selbstempfinden«* beginnt dann mit 15 bis 18 Monaten und ist nie abgeschlos-sen, ist als *narrative* Identität sozusagen eine unendliche Ge-schichte. »Kinder entdecken, dass sie persönliches Wissen und Erfahrungen haben, die sie mit Hilfe von Symbolen kommunizieren können. Es gibt jetzt nicht mehr nur Gefüh-le und gemeinsame subjektive Zustände, sondern gemein-sames und symbolisch kommuniziertes Wissen um diesel-ben.«[13]

Hierfür ein kleines Beispiel: Mit dem Umzug in die neue Wohnung steht der Familie auch ein großer Garten zur Ver-fügung, durch den bald ein junges Entenpärchen – auf dem Wochenmarkt erstanden – zur Freude aller schnattert. Jan hat mit seinen 21 Monaten einen besonderen Spaß an den Enten. Er beobachtet und füttert sie; gelegentlich scheucht er sie durch den Garten. Die Enten sind aber schneller als der Jan. Schnatternd und mit den Flügel schlagend flüchten sie in ihre Behausung – eine Kiste mit Schlupfloch. Eines Ta-ges kriecht der Jan in einen seitlich umgekippten Umzugs-karton, kommt dann schnatternd und die Ärmchen wie Flü-gel schlagend aus diesem wieder hervor und plappert fröhlich: »Du – Ente ...« Die Eltern sind entzückt und schauen sich zugleich etwas verdutzt an, bis sie bemerken, dass das »Du« für »Jan« oder »Ich« steht, da der Jan stets nur mit »Du« oder »Jan« angeredet worden ist und er seine Identität verbal ebenso erfasst.

Während sich im frühkindlichen Spiel zunächst schwerpunktmäßig die affektusensomotorische Basisidentität herausbildet, entfaltet sich im Sprechdialog die symbolisch – also über Vorstellungen und Erwartungen – vermittelte Identität.

»Ich bin jetzt so schnell und unangreifbar wie eine Ente« wurde von Jan zu Beginn der kleinen Episode spielerisch-handelnd dargestellt und damit zugleich in seiner affektusensomotorischen Bedeutung für die Identität vergegenwärtigt. In der sprachlich-symbolischen Mitteilung zeigt sich das verbale Selbstempfinden, wie dies aus den vorausgegangenen dialogischen Ansprachen heraus entstanden ist: »Du – Ente« noch anstatt »Ich – Ente«.

Die darstellende Bewegung im szenischen Spiel ist »eine ›Äußerung des ganzen Menschen, nicht nur seines Körpers‹ und damit zentraler Faktor der Identitätsbildung in der Grundschule«[14]. Dies umso mehr, möchte man ergänzen, wenn man weiß, dass viele Grundschulkinder schon morgens ab sechs Uhr, wenn die Mutter zur Arbeit geht, von ihren Babysittern gefesselt werden und bezüglich ihrer Dialogfähigkeit ein Pflaster über den Mund geklebt bekommen, nämlich durch Fernsehen, Video und Computerspiel. »Damit bekommt das Lernen in Bewegung eine veränderte, intensivere Bedeutung, denn die Identität eines Kindes ergibt sich eben aus dem Zusammenspiel der genannten Faktoren – wenn ein Kind sich nicht mehr zureichend auf seinen Körper, seine Bewegungen, seine Sinne verlassen kann, entstehen Störungen, Unsicherheiten, Minderwertigkeitsgefühle, Entmutigungen. Szenisches Spielen ist in dieser Sicht auch die Chance der Grundschule, heilende Wirkung zu haben, am Problem der ungleichen Chancen zu arbeiten; beispielsweise über das Spiel die Koordination von Bewegungsabläufen als zu schulende Körpererfahrung zu üben. Die Kinder können damit der Überforderung durch das aktuelle Zeitmuster der ›Gleichzeitigkeit des Vielen‹ begegnen mit der notwendigen Grunderfahrung des ›eins nach dem anderen‹.«[15]

»Die Gleichzeitigkeit des Vielen« – die vielen Programme, durch die man sich hindurchzappen muss – ist eine Provokation für das hyperkinetisch veranlagte Kind, die Grunderfahrung des »eins nach dem anderen« eine (ein)prägende Beruhigung. Bleibt noch ausdrücklich anzumerken, dass es selbstverständlich nicht immer so große Projekte sein müssen, auch kleinere szenische Darstellungen lassen sich als Stegreifspiele ohne größere Schwierigkeiten in den alltäglichen Grundschulunterricht einbauen.[16]

Und wenn im szenischen Spiel »etwas zur Sprache kommt«, dann ist damit nicht nur die Wortsprache gemeint. Vielmehr ist es gerade der gestisch-pantomimische Ausdruck, der verbal-sprachlich behinderten Kindern dialogisches »kommunikatives Handeln« ermöglicht. Affektumotorischer Handlungsdruck, der sich sonst als Schubsen und Schlagen entlädt, wird in sprachnahen bzw. sprachäquivalenten Aus-Druck umgewandelt. Und zugleich wird hierüber die Wortsprache – wenn sie zum »Einsatz« kommt – affektumotorisch aufgeladen: beseelte Darstellung des Wesentlichen.

Es ist immer wieder verblüffend, zu beobachten, welche Begeisterung, d.h. welcher Enthusiasmus sich bereits bei den Vorübungen z.B. einer Theater-AG entfalten kann. Und die wechselseitige Wahrnehmung der Mitspieler untereinander in ihrem Enthusiasmus vervielfacht diesen noch.

Abgeleitet ist Enthusiasmus von »enthusiazo« (griechisch): »bin eines Gottes voll«.[17] Und eine enthusiastisch aktivierte »formatio reticularis« bedarf nicht des Ritalins.

XII
Gegen-Bewegung auch im Kinderzimmer und in der weiteren Lebenswelt des Kindes

»Es gibt ein Programm, mit dem man Kleider für Barbiepuppen entwerfen kann. Man kann Stil und Farbe auswählen und die Puppen am Bildschirm anziehen. Die Software läuft natürlich unter ›Lernprogramm‹, wobei ich mich frage, was man dabei lernt. Vielleicht, wie man Farben zusammenstellt, wobei allerdings die angebotene Palette recht dürftig ist. Man kann beispielsweise keine Farben mischen, man kann Kleider nicht färben, man kann nichts zusammennähen. Nach einer ›Sitzung‹ am Computer hat das Kind keinerlei Vorstellung davon, wie sich Baumwolle, Cordsamt, Seide oder Leinen anfühlen – und es kann natürlich nicht nähen (...)

Das Programmierte Lernen erwies sich (...) als Flop. Die Maschine brachte die Kinder nur dazu, ganz mechanisch die Antworten zu lernen, die das Programm stellte. Für Neugier, Kreativität, neue Einfälle oder Improvisation war kein Platz.«

Clifford Stoll

»(...) in unseren Spielen waren wir herrlich frei und nie überwacht. Und wir spielten und spielten und spielten (...) Wir kletterten wie die Affen auf Bäume und Dächer, sprangen von Bretterstapeln und Heuhaufen, wir krochen quer durch riesige Sägemehlhaufen, lebensgefährliche unterirdische Gänge entlang und wir schwammen im Fluss, lange bevor wir überhaupt schwimmen konnten (...) Diese Freiheit zu haben hieß aber keineswegs, ständig frei zu haben. Dass wir zur Arbeit angehalten wurden, war die natürlichste Sache der Welt.

Schon mit sechs Jahren mussten wir beim Rübenverziehen und Rupfen der Brennnesseln für die Hühner helfen.«

Astrid Lindgren

Es kann aber nicht nur Aufgabe der Grundschule sein, Kindern mit einer Disposition zu ADS mit Hyperaktivität über eine ästhetische Erziehung zu ermöglichen, innere Gegenkräfte dazu zu entfalten. Dies ist schon vor und außerhalb der Schule in der kindlichen Lebenswelt möglich – ganz konkret zum Beispiel über die Gestaltung des Kinderzimmers. Darüber hinaus bedarf es aber selbstverständlich noch weiterer Freiräume zur spielerisch-schöpferischen Entfaltung als »Gegen-Bewegung« zur Hyperaktivität. Grundlegend ist hierfür eine reichhaltige, prozessorientierte Sinneserfahrung.

In der Phantasie werden wir umso beweglicher, je mehr und je vielfältigere Sinneserfahrungen wir seit frühester Jugend spielend gemacht haben und diese zur Sprache haben bringen können. Es sind viele lebendige innere Bilder, die dann entstehen. Vielleicht lässt sich dies an einem kleinen Beispiel am ehesten verdeutlichen:

Stellen Sie, liebe Leserin, lieber Leser, sich zunächst einen konkreten Gegenstand vor, wie zum Beispiel einen Ball oder Hammer, eine Schere, Kerze oder Nadel, ein Stück Kreide, Stoff, Holz, Knetgummi oder Ähnliches. Und dann lassen Sie Ihre Gedanken laufen … Wahrscheinlich wird Ihnen umso mehr und umso eindringlicher etwas einfallen, je mehr Sie diese vorgestellten Dinge irgendwann einmal persönlich in der Hand gehabt, bewegt, gefühlt, gerochen, geschmeckt haben.

Durch solch eine lebhafte Vorstellungskraft beziehungsweise Phantasie wird eine weit reichende *innere* Beweglichkeit ermöglicht, sodass ich äußerlich im Bedarfsfall, zumindest vorübergehend, einigermaßen still auf dem Stuhl sitzen bleiben kann (weil die »formatio reticularis« jetzt durch die *inneren* Wahrnehmungen aktiviert wird. Siehe hierzu auch

Seite 42–43). Für diese lebendige Phantasie ist wiederum eine intensive Erfahrung aller Sinne erforderlich. Das ist schon im Kinderzimmer möglich.

Was gehört also – ganz konkret – zur ADS-präventiven Grundausstattung eines Kinderzimmers? Alles, was die eben genannte Sinneserfahrung ermöglicht.

Hier eine Vorschlagsliste:

- einfache Bauklötze, vom Tischler, vielleicht auch von den Eltern zusammen mit den Kindern gefertigt, nicht zu klein, z.B. 3,5 × 7 × 14 cm, am besten ein ganzer Umzugskarton davon voll, neben Fisher-Price und Legosteinen;
- Knetgummi, Filzstifte, großflächiges Malpapier, z.B. alte Tapetenbücher;
- Papier, Pappe, Holz, Kleister, Hammer, Nägel, (später auch) Messer anstelle von Master- und Monsterfiguren und vorgefertigter Burg;
- Tücher, Decken und Kissen zum Budenbauen;
- alte Kleidung, Taschen, Perücken, Brillen, Hüte zum Verkleiden;
- Stoff, Schere, Nadel, Faden und Kuscheltier anstelle von Barbiepuppen;
- Mensch-ärgere-dich-nicht, Mau-Mau und Mühle (und mitspielende Eltern) und nicht nur Computerspiele;
- insgesamt so wenig elektronisch gesteuertes Spielzeug wie möglich;
- Bücher statt Videos;
- ein Ramschkarton oder Ramscheckchen mit kaputten Autos, Schrauben und anderen Reliquien ist wertvoller als sterile Ordnung;
- beim Kochen, Backen usw. »helfen« lassen, »Kräutergarten« im Blumentopf auf der Fensterbank;

- Insgesamt gilt: mehr »Rohstoffe« als technisch vervoll-
kommnete Fertigprodukte und lieber Sparsamkeit als
Überfülle in den Mitteln.

Dass ein Kinderzimmer der Sinneserfahrung nicht erst an
dessen Tür beginnt, lässt vielleicht folgende Textpassage
deutlich werden:

»Ein festliches Menü, das aus der Tiefkühltruhe kommt
und im Mikrogrill erwärmt wird, spricht die Sinne und die
Phantasie anders an als ein Menü, das mit den gleichen Zuta-
ten selbst hergestellt worden ist. Das mag in den Ohren ei-
ner/eines überlasteten Hausfrau/-mannes zunächst wie
Hohn klingen, vielleicht gelingt es aber doch, noch etwas
klarer zu machen, was damit gemeint ist:

Ein kleines Kind, das im Prozess der Identifikation der
Mutter/dem Vater beim Kochen hilft, vielleicht dabei den
Blattsalat zum Beispiel nicht nur wäscht und putzt, zerklei-
nert und würzt, sondern auch noch das Glück hat, den Salat
im Garten pflanzen und gießen, dann wachsen sehen und
ernten zu können, feiert, was die Sinneserfahrung angeht,
ein Fest. Das Suchen und Pflücken von Brombeeren, der
Duft eines sonnigen Spätsommertages, die Kratzer an der
Haut, das Getröstetwerden, die Freude, ein halbes Eimer-
chen gepflückt zu haben, die andere Hälfte (einschließlich
Wurm) ›gefuttert‹ zu haben, der Duft beim Kochen, das Ab-
schmecken, das bange Warten, ob die Marmelade nun auch
fest wird, der Stolz beim Betrachten der gefüllten Gläser –
auch das meint ein festliches, ein sättigendes Ereignis für die
Sinneserfahrung.

In den Symbolen der Phantasie wird diese freudige –
wenn man so will, genussvolle – Erfahrung der Sättigung des
Sinnenhungers aufgehoben und erhalten, um jedes Mal als

Freude und Genuss bei dem Verzehr einer Schnitte mit Brombeermarmelade mitzuschwingen. Dies hat nur eine Zusatzbedingung: Bei dieser Erfahrung sollte mehr das Spiel, der Prozess als die Nützlichkeit des Produktes im Vordergrund stehen. Das Spielen allein ist schon nützlich und ernsthaft genug.«[1]

Und was ist mit dem Computer?

Nun, wenn er bei 11- bis 12-jährigen Kindern seinen Einzug in deren Zimmer hält, dann ist dieser Zeitpunkt noch früh genug, um aus den Kindern exzellente Computerfachleute werden zu lassen. Denn nur wer ausreichende Spielerfahrungen – mit allen Sinnen – hat, die er dann auch noch einem interessiert zuhörenden Gegenüber hat mitteilen können, kann seine Lernfähigkeiten optimal entfalten. Neurobiologische Grundlage dessen ist das Zusammenspiel der linken und der rechten Hirnhälfte. Und eben deren Zusammenwirken wird besonders durch sinnesreiche Spielerfahrung, die in einen dialogischen Prozess eingebunden ist, gefördert.[2]

Das eben skizzierte Konzept einer »Kinderwelt der Sinneserfahrung« mag allerdings gegenwärtig hoffnungslos romantisch und als kaum umsetzbar erscheinen. Als die Zweitautorin das oben beschriebene »Modellkinderzimmer« Anfang der Achtzigerjahre entwarf[3] (das sich dann auch in der Erziehung der eigenen drei Kinder sehr bewährte), zeichneten sich in den Grundschulen bereits die ersten Schwierigkeiten mit hyperaktiven Kindern ab. Schon damals wurden aber von den Eltern lieber äußere Maßnahmen, wie z.B. eine phosphatarme Diät, als eine Veränderung des familiären Lebens- und Interaktionsstils diskutiert.

Gegenwärtig wird also das Für und Wider eines hochwirksamen Medikamentes – als einer äußeren Maßnahme – diskutiert, und Kinderärzte beklagen sich, dass »nicht wenige Lehrer der medikamentösen Behandlung der Kinder und Jugendlichen, die unter einer Aufmerksamkeitsdefizit- oder Hyperaktivitätsstörung (ADHS) leiden, skeptisch bis ablehnend gegenüber(stehen)«; einem Schulleiter, der die Einnahme von Ritalin in seiner Schule untersagte, wurde vorgeworfen, »dass er damit in die Therapiehoheit des behandelnden Arztes eingriff«[4]. In diesem heftigen Für und Wider werden die Möglichkeiten einer Prävention und Salutogenese – die aber schon zu familiären und gesellschaftlichen Veränderungen führen müssten – nicht aufgegriffen.

Daher mögen in diesem »mainstream« der Argumentation die obigen Vorschläge zur Kinderweltgestaltung zunächst keine Chance haben. Hoffnungsvoll erscheinen jedoch Bewegungen, die vorwiegend in Baden-Württemberg und Bayern sowie in Österreich, aber auch in anderen Bundesländern wie im Saarland oder in Nordrhein-Westfalen an Anhängern gewinnen. Gemeint sind der »spielzeugfreie Kindergarten« und der »Waldkindergarten«. Die Grundgedanken dieser Kindergartenaktivitäten ähneln durchaus dem des oben vorgestellten Modells, sind in mancherlei Hinsicht sogar noch radikaler: heraus aus der – was die Sinneserfahrung, Eigeninitiative, Kompetenz und Kommunikation angeht – verarmten und verarmenden Spielzeugwelt in Welten, deren Möglichkeiten uns literarisch alle wohl vertraut sind: über Huckleberry Finn, Michel aus Lönneberga, Pippi Langstrumpf, Momo …

Eindrucksvoll waren auch die Konzepte und die Erfahrungen mit dem spielzeugfreien Kindergarten, die im November 1998 auf dem »Internationalen Kongress zur Sucht-

prävention im Kindergarten« in Wien vorgestellt wurden.
Nach der Rückkehr der Kinder aus der (auf drei Monate be-
fristeten) Phase des spielzeugfreien Kindergartens in ihren
»normalen Kindergarten« waren die Kinder im Spiel viel
konzentrierter, ausdauernder und weniger nörglerisch:

»Der ›Spielzeugfreie Kindergarten‹ ist in seinem Ur-
sprung ein primärpräventives Projekt (…), das sich vorrangig an Kinder richtet, um deren von klein auf vorhandene
Lebenskompetenz ergänzend zu entfalten und zu fördern.
(…). Es beinhaltet Gegensätze wie Voll und Leer, Haben
und Sein sowie Konsum und Verzicht.«[5] Dieses Projekt beruht auf einem Verständnis von Kultur als »Erfahrungsfähig-
keit«. Dies hieße, sich einer »Sache zu stellen, ihr gegenüber
einzutreten in die ihr eigene Zeit, herauszutreten aus den
Geschwindigkeitsregeln und den Effizienzbefehlen der Zivi-
lisation«[6]. Kultur sei Verzicht auf Beschleunigung. Und so
gesehen meint Kultur auch Entmachtung der »Grauen Herren« mit ihrem »Schneller, Höher, Weiter, Besser«.

Im Jahre 1992 stellten sich die Erstinitiatoren des Projektes »Spielzeugfreier Kindergarten« die Fragen:

- »Was ist ein Zuviel im Kindergarten?
- Was ist fast immer verfügbar und wenn nicht, womit kann
  sich ein Kind sofort Ersatz beschaffen?
- Womit kann sich ein Kind zuschütten, womit kann es zu-
  geschüttet werden?
- Wodurch kann ein Kind nicht zu sich selbst kommen?
- Welche Gegenstände wecken nicht immer die kindliche
  Phantasie und den Wunsch zum Experimentieren?
- Was bestimmt ein Haben?
  Unsere Antwort darauf: das Spielzeug.

Um es von vornherein klarzustellen: Selbstverständlich
ist Spielzeug absolut notwendig, positiv und nicht weg-

zudenken für die Entwicklung unserer Kinder. Es gab schon immer wertvolles und wertloses Spielzeug, und uns ist bewusst, dass ein Kind alles zu ›seinem‹ Spielzeug umfunktioniert. Trotzdem wollten wir das herkömmliche oder das zur Verfügung stehende Spielzeug für drei Monate entfernen, selbstverständlich mit Wissen und langer Vorbereitung der Kinder und Eltern. In diesen drei Monaten sollten die Kinder anders zu sich finden und frei werden, denn: ›Wir haben uns selber nicht – Dinge haben uns‹, mahnt besorgt Romano Guardini in seinem Buch ›Der Raum der Meditation‹.

Was aber würde in diesen drei Monaten ohne Spielzeug geschehen? (…)

Die Kinder haben mit diesem Projekt die wenigsten Schwierigkeiten: Sie ›haben‹ sich zum größten Teil wirklich selbst, zeigen ihre Stärken, Schwächen und ihre Wünsche, sich mit den anderen zusammenzutun. Außenseiter, von den Eltern oder den Erzieherinnen als solche bezeichnet, integrieren sich meist leichter. (…) Wie reagieren Eltern auf das Projekt? Anfangs sind sie oft erstaunt, neugierig, kritisch oder begeistert. Sie können sich besonders dann den drei Monaten wohl wollend zuwenden, wenn sie gewiss sind, dass das Projekt nicht als ›Versuch am Kind‹ gewertet wird, sondern als Ergänzung zu all dem, was sie ihrem Kind bereits an Gutem, Starkem etc. geben konnten. Sie schätzen es, wenn alle während des Projektes Zeit haben, sich freier entfalten zu können. Viele Eltern betrachten ihr eigenes Verhalten aufmerksamer, und häufig schenken sie dann sich und ihren Kindern Zeit statt der sonst üblichen Dinge.

Viele Erzieherinnen bestätigen, dass sie eine lange Vorbereitungsphase benötigen. Oft überdenken sie ihren pädagogischen Ansatz und streben dessen Vernetzung mit den Erkenntnissen an, die sie bei der Durchführung des Projektes gewonnen haben. Für die meisten ist es selbstverständlich, den ›Spielzeugfreien Kindergarten‹ jedes Jahr für drei Monate als festen Bestandteil in den Kindergarten zu integrieren.«[7]

Der spielzeugfreie Kindergarten lebt auch sehr stark von dem Kontrastprogramm: »Frühling und Sommer schenken uns Fülle und Farbe. Wir Menschen nehmen uns selten Gegen-Zeiten zum Alltag in Form von Regeneration, Be-Sinnung oder Muße, vielleicht sogar Aus-Zeit. Dabei berauben wir uns der wichtigsten Erfahrungen, die Gegensätze mit sich bringen. Aufgrund dieser Darstellung verglich ein Zuhörer den spielzeugfreien Kindergarten mit der Fastenzeit.«[8]

Aus diesem Kontrast heraus wirkt das Spielzeug wieder anregender auf die »formatio reticularis«. Dies wissen viele Mütter schon intuitiv, wenn sie zum Beispiel achtlos beiseite gelegtes Spielzeug einfach wegräumen, um es dann nach längerer Zeit wieder hervorzuholen. Die Fülle der Reize lässt abstumpfen, lässt – hyperaktiv – nach Weiterem suchen, was dann aber in der Regel nur »mehr desselben« (Watzlawick) ist. Weniger ist tatsächlich oftmals mehr.

Die Zeit wird dann nicht mehr als Einheitsbrei erlebt, was sonst immer wieder wieder neue »belebende« Konsum-Kicks im Sinne der »repressiven Entsublimierung« (siehe Seite 76) erzwingen würde.

Ermutigend sind auch Aktivitäten von Organisationen wie »ABA«[9], die sich überregional – vorwiegend jedoch in Nordrhein-Westfalen – oder regional wie »SpielLandschaftStadt e.V. Bremen«[10] für eine kindgerechte Gestaltung von Spielräumen und eine kindgerechte Stadtplanung insgesamt, zugleich auch für eine Sensibilisierung der Öffentlichkeit für diese Belange einsetzen. Das heißt zunächst auch, zu begreifen, dass Kinder aus unterschiedlichen (Ein-kommens-)Schichten differenzierter Konzepte bedürfen. (Kindergartenkinder aus gutbürgerlichen Familien mit einem relativen materiellen Überfluss sind eher auf den spielzeugfreien Kindergarten angewiesen als Kinder aus sozialen Problemvierteln.) Einen schwerwiegenden Mangel erleiden sie jedoch in der medienbeherrschten familiären Gegenwart im Hinblick auf Wahrnehmung und Dialog *gemeinsam*: »Und die Mutter blicket stumm auf dem ganzen Tisch herum«, heißt es gleich zweimal in der Geschichte vom Zappelphilipp. Dieser kann zappeln, wie er will, in *seinen* Bedürfnissen wird er nicht wahrgenommen. Hingegen kann dem Kind das Gefühl, »mütterlich« wahrgenommen und damit getragen zu werden, eine starke Beruhigung ermöglichen, und zwar auch als »Gegen-Bewegung« zur Hyperaktivität. Eine solche Tragefähigkeit (holding-function) können allerdings sehr oft nur Mütter entfalten, die selbst erlebt haben, wie sie getragen worden sind oder zumindest gegenwärtig sich getragen fühlen – in ihrer Partnerschaft, ihrem Betrieb, Nachbarschaft, Freundeskreis, Kirchengemeinde, Sportverein ... Aber auch den Kindern selbst können die verschiedensten gesellschaftlichen Figurationen mütterlichen Halt gewähren: neben der Familie die Peergroup als Klassengemeinschaft, Sportverein, Jugendgruppe, Lehrbetrieb; »das Viertel«, »die Straße« und Nachbarschaft ... In diesem Sinne können »mütterliche Konzepte« vermöge einer aufmerksamen, nicht medial geblendeten Wahrnehmung nach den »wahren Bedürfnissen« der Kinder ausschauen lassen und Erfahrungsräume für deren Befriedigung öffnen.

Vor dem Hintergrund persönlicher Begegnungen und des Austausches mit Vertretern solcher Konzepte glauben die beiden Autoren, das »Kinderzimmer der Sinneserfahrung«

auch nach zwanzig Jahren noch einmal präsentieren zu dürfen und es nicht als Sozialromantik entsorgen zu müssen. Im Gegenteil![11]

Laut Satzung aus dem Jahr 2000 sind die Ziele von »ABA« unter anderem:

- Förderung der individuellen Entwicklung junger Menschen, ihrer Phantasie und Kreativität;
- Entwicklung sozialer Kompetenz;
- Vermittlung kultureller und künstlerischer Fähigkeiten;
- Förderung der Identitätsbildung in unterschiedlichen Gruppen und Milieus;
- Unterstützung der Auseinandersetzung mit Fremden im Sinne interkultureller Arbeit;
- Verbesserung der Kommunikation und Interaktion.

»ABA« versteht sich als »kompetenter Partner« unter anderem für:

- Abenteuerspielplätze;
- Kinderbauernhöfe und Jugendfarmen;
- Spielmobile;
- Spielhäuser;
- Häuser der offenen Tür;
- Lernwerkstätten;
- offene Kinder-Spezialdienste: Kindermuseen, Kindergeschichtshäuser u.a. Projekte;
- Aktionsräume für Jugendliche;
- »Öffnung« von Tageseinrichtungen;
- Kinderbüros;
- Planungsbüros/-ämter usw.
- Spielplatzpatenprojekte;
- Elternvereine/Initiativen.

Integriert werden in dem Ansatz von »ABA« eine wohlverstandene, ortsnahe »Erlebnispädagogik« sowie eine den bürgerlich-engen Kulturbegriff überwindende Kulturarbeit. Für Letztere gilt, dass »der Spaß und die Lust an einer Sache, die zusammen erarbeitet wird, punktuell oder durch Projektarbeit (...) im Vordergrund stehen«[12]. Auch hier ist der Prozess, die Freude im gemeinsamen Tun bedeutsam und nicht nur das Ergebnis, das Produkt.

Für die Erlebnispädagogik wird exemplarisch der Abenteuerspielplatz in der Wohnanlage Römerbrunnen im Mönchengladbacher Stadtteil Rheydt-Mülfort beschrieben. Diese Wohnanlage besteht aus elf Hochhäusern mit einer Höhe zwischen sechs und achtzehn Stockwerken; 754 Wohneinheiten können insgesamt 3.000 Menschen aufnehmen. Das Wohngebiet Römerbrunnen kann nur mit dem Auto erreicht werden. Römerbrunnen steht auf einer ehemaligen Mülldeponie. Vorherrschendes Baumaterial ist Beton, zudem sind die Häuser mit grauen Profilblechen verkleidet. Diese sind in den Eingangsbereichen der Häuser schon stark beschädigt und verschmutzt. Jedes Stockwerk – nur nicht das Erdgeschoss – hat einen Balkon, der um das ganze Haus herumläuft und an den Grenzen der Wohneinheiten mit Blechwänden unterteilt wird. Im Erdgeschoss haben sich einige Mieter vor ihren Wohnungen Kleingärten anlegen können. Wände und Stufen der Treppenhäuser sind blanker Beton, sehr verschmutzt und oft beschädigt. In den unteren Stockwerken weisen die Böden und Wände starke Beschädigungen auf. Je höher man in diesen Häusern kommt, umso mehr nehmen die Beschädigungen allerdings ab. Die Häuser sind in der Regel jedem zugänglich, der sie betreten will. Im Erdgeschoss schlägt einem beim Betreten der Häuser ein starker Uringeruch entgegen, was darauf zurückzuführen sei, dass kleinere Kinder, die im Wohngebiet spielen und zur Toilette müssen, es oft nicht mehr rechtzeitig bis in die Wohnung schaffen.

Wenn die Kinder sich in der Wohnung aufhalten, sind sie überwiegend mit Fernseh- und Videokonsum beschäftigt. Dementsprechend dürftig ist auch der Dialog zwischen Eltern und Kindern.

In dem Wohngebiet Römerbrunnen befinden sich mehrere Sandkästen, zwei herkömmliche Spielplätze mit den üblichen Spielgeräten aus Eisen und ein Basketballplatz mit Betonboden. Am Rande der Wohnanlage wurde der Abenteuerspielplatz Römerbrunnen eingerichtet. Es leuchtet ein, dass hier ein anderes präventives und salutogenetisches Konzept als in einem bürgerlichen Kindergarten notwendig war. Die Beschreibungen der einzelnen Spielplatzbereiche sind aus dieser Perspektive heraus ausgesprochen spannend zu lesen:

»a) Sand-Wasser-Bereich
Aus der Kombination Sand/Wasser ergeben sich viele schöpferische Möglichkeiten, weshalb der pädagogische Wert dieser Elemente für die Arbeit auf dem Abenteuerspielplatz unumstritten ist. Gerade das Spielen, das regelrechte Suhlen in diesen Elementen ist typisch für Kinder, und sie machen die wichtige Erfahrung, dass sie in der Lage sein können, ihre Umwelt mitzugestalten. Es werden Berge, Täler, Straßen, Burgen, Dämme, Flüsse, aber auch Dinge erschaffen, denen das Kind erst später einen Namen oder eine Zuordnung gibt.
All das geschieht ohne die Hinzunahme von großen Hilfsmitteln. Auf dem ASP Römerbrunnen existieren zu diesem Zweck ein großer Sandkasten und eine ›Wasserrutsche‹, von der das Wasser in den Sandkasten fließt. Wenn sich Kinder im Sand-Wasser-Gemisch (auch Matsch genannt)

suhlen und sich damit bewerfen, einschmieren und zudecken, nehmen sie diese Elemente mit dem ganzen Körper wahr. Viele der Eltern, die mit ihren kleineren Kindern den Abenteuerspielplatz besuchen, bringen häufig wenig Verständnis für den Wunsch und die Lust der Kinder auf, an einem solchen Treiben teilzunehmen. Reglementierende Eingriffe von ihrer Seite sind häufig die Folge, was bei einigen Kindern Hemmungen aufkommen lässt, während andere Kinder diese Gelegenheit voll auszukosten wissen.

b) Feuer-Bereich
Die Feuerstelle des Abenteuerspielplatzes Römerbrunnen ist so angelegt, dass im näheren Umfeld keine Hütten stehen, die leicht entzündbar wären. Sie ist so groß, dass auch große Feuer möglich sind und die Kinder die Gelegenheit haben, eigene Kleinfeuer zu entfachen. Sie lernen so den Umgang mit diesem Element. Konkrete Erfahrungen mit Feuer gehören in der Regel zur Seltenheit im Erfahrungsschatz von Kindern in ihrem sonstigen Umfeld.

c) Baubereich
Das Spiel der Kinder in diesem Bereich ist so geartet, dass es nicht nach einigen wenigen Stunden beendet ist. Vielmehr unterliegt es einer stetigen Entwicklung und kann von mehreren Tagen bis zu einigen Wochen andauern. Erfahrungen und Erlebnisse, die die Kinder hier machen, sind ganz besonders von dem Erleben begleitet, dass ihre eigenen Ideen und Vorstellungen durch sie selbst umgesetzt werden. Im Baubereich besteht im Besonderen die Möglichkeit, Einzelgänger in eine Gruppe zu integrieren (...). Die Kinder entdecken aneinander und an sich selber Stärken und Talente, die die Akzeptanz untereinander, das Selbstwertgefühl und die Anerkennung stärken. Da an den Buden, Hütten und ›Häusern‹ ständig gebaut, abgerissen

und verbessert wird, verändert sich auch ständig das Aussehen des Platzes, sodass es hier immer wieder etwas Neues zu entdecken gibt. Der Anblick dieses Bereiches entspricht nicht den empfundenen Schönheitsidealen Erwachsener, er unterliegt vielmehr dem geordneten Chaos der Kinder und er ist von herumliegendem und an vielen Stellen gelagertem Baumaterial geprägt. Zu Konflikten unter den Kindern kommt es meist dann, wenn nicht genügend Baumaterial, sprich Holz, vorhanden ist. Es kommt vor, dass dann fremde Hütten geplündert und beschädigt werden. Wichtig ist es also, dass die BetreuerInnen den Bestand an Baumaterial sicherstellen.

Um als Kind überhaupt am Hüttenbau teilnehmen zu können, müssen gewisse Fertigkeiten im Umgang mit dem Werkzeug erlernt werden, welches in der Werkzeugausgabe des Betreuerhauses ausgeliehen werden kann. Man kann beobachten, dass viele Kinder, die zum ersten Mal Hammer und Nägel in der Hand haben, erst einmal ziellos in irgendwelche Hölzer schlagen. Das ist als ein Erproben des Werkzeuges zu verstehen, bei dem auch die Funktion erkundet wird. Dann entstehen oft ›Aha-Effekte‹, wenn das Kind feststellt, dass man Bretter auch zusammennageln kann (meistens auch erst einmal ziellos). Der nächste Schritt, der häufig folgt, ist die Entdeckung, dass das zusammengenagelte Holz durchaus als die erste Wand einer Hütte verwendet werden kann. Es dauert meistens nicht lange und die Hütten werden immer mehr durchdacht und erhalten Türen, Fenster oder auch eine Dachterrasse. Dem Wunsch nach Geborgenheit und Schutz (sich verstecken wollen) folgend, bauen manche Kinder bewusst keine Fenster in ihre Hütten. Als Grundsatz der BetreuerInnen auf dem ASP Römerbrunnen gilt, Hütten nur nach ausdrücklicher Einladung zu betreten (oder bei Gefahr im Verzug). Diese Einladungen werden häufig genug ausgesprochen und von den BetreuerInnen als Vertrauensbekundung und Bedürfnis nach Zuwendung in emotionaler Hinsicht verstanden. Oft ergeben sich daraus Gelegenheiten, mit den Kindern Gespräche zu führen und Probleme zu bearbeiten.

d) Tier- und Natur-Bereich

Dieser Bereich des Abenteuerspielplatzes Römerbrunnen sorgt bei den Kindern immer wieder für Aufsehen. Der ASP beherbergt Ziegen, Enten, Hühner und eine Katze. Die Kinder erleben hier jede Phase eines Tierlebens, von der Geburt bis hin zum Tod, erfahren etwas über die Unterbringung, das Tierverhalten, die Fütterung und die Nützlichkeit eventueller Tierprodukte (z.B. Eier von den Enten und Hühnern). Sie haben dabei engen Kontakt zu den Tieren, denn das Ziegengehege ist für bis zu drei Kinder frei zugänglich, und die Hühner und Enten suchen den ganzen Tag auf dem gesamten Gelände nach Futter, laufen also frei herum.

Diese Zustände vermitteln den Kindern eine Selbstverständlichkeit im Umgang mit Tieren, die anderswo heute nicht mehr vorhanden ist. Dabei werden Ängste überwunden, und es entsteht ein Verhältnis zwischen Tier und Kind, welches als positiv bewertet werden muss. Tiere können zu Partnern werden.

Zwischen dem Ziegengehege und dem Hühnerstall befindet sich ein Garten, der auf der Basis von Projekten mit den Kindern als ein Nutzgarten eingerichtet werden kann. Neben Salaten und Gemüse, welches hier ausgesät und eingepflanzt wird, aber eine längere Zeit braucht, um verzehrt werden zu können, existieren hier auch solche Sträucher, die zu bestimmten Jahreszeiten Früchte tragen, die dann auch direkt gegessen werden dürfen (Johannisbeeren, Brombeeren, Stachelbeeren etc.).«[13]

Spiel- und Wahrnehmungsprozesse, auch über längere Abläufe, Sinnen-Erfahrung im Spiel, Eigen-Sinn und Dialog sowie Entfaltungsmöglichkeiten für den Bindungstrieb im Gestalten, Fairplay in der Interaktion – ein Optimum an präventiven und salutogenetischen Möglichkeiten wird hier verwirklicht als Gegenbewegung zu den destruktiven Impulsen, die Architektur und soziale Struktur des Wohngebietes Römerbrunnen freisetzen. Ein wahrhaft »mütterliches Konzept«!

Wenn auch die Lebenswelt unserer Kinder nicht überall so krass an den existenziellen Bedürfnissen vorbeigeplant worden ist wie in dem Wohngebiet Römerbrunnen, so sind die Folgen – nämlich Entsinnlichung der kindlichen Erfahrungswelt, das Vorherrschen elektronischer Medien, der Konsum von Suchtmitteln sowie die daraus resultierenden gestörten binnenfamiliären Kommunikationsmuster – auch anderenorts anzutreffen. Wir müssen dafür nur sensibel werden.

Vielleicht mahnen uns die hyperaktiven Jungen besonders eindringlich daran, dass wir nicht so weitermachen können wie bislang.

Und für die Mädchen mögen Tagträume einen »gesünderen« Zufluchtsort darstellen als die Medien selbst.

Bindungstrieb und Fairplay sind auch an anderen Orten, die scheinbar intakter aussehen als das Wohngebiet Römerbrunnen, gefährdet. Wir ahnen dies, wollen uns damit aber nicht so gerne beschäftigen. Von daher mögen die hyperaktiven Kinder auch eine notwendige Beunruhigung darstellen, damit wir endlich begreifen, was präventiv und salutogenetisch in unserer realkapitalistischen Gegenwart »Not-wendig« ist.

Aber damit sind nicht alle einverstanden. Vielmehr wird ein hochemotionalisierte Debatte über die richtige Diagnose und Therapie des ADS geführt. Dazu einige Vermutungen im nächsten Kapitel.

XIII
»Es erhub sich ein Streit ...

… Die rasende Schlange, der höllische Drache
Stürmt wider den Himmel mit wütender Rache.«
Text von *Christian Friedrich Henrici* zur Bachkantate BWV 19

»Man wird so genormt, dass man nichts anderes tun kann,
als was man tun soll. (…)
Sollte sich durch einen unglücklichen Zufall wirklich einmal etwas
Unangenehmes ereignen, nun denn, dann gibt es Soma (…).
Immer ist Soma zur Hand, um Ärger zu besänftigen …«

Aldous Huxley

Ende der Sechziger-, Anfang der Siebzigerjahre des letzten Jahrhunderts gab es einen erbitterten Streit zwischen »der« Psychoanalyse und »der« psychologischen Lerntheorie; genauer: zwischen den Vertretern der jeweils davon abgeleiteten Therapieformen. Beispielhaft hierfür die Antwort von Alexander Mitscherlich und Lutz Rosenkötter auf die Attacke von Hans Jürgen Eysenck gegen die Psychoanalyse.[1]

Der Erstautor, anfangs noch darüber etwas verwirrt, dass er seinerzeit bei der Lektüre eines verhaltenstherapeutischen Therapieprogrammes erfuhr, sich bis dahin mit seinem Interesse für die Psychoanalyse nur dummes Zeug angeeignet zu haben, versuchte dann in dieser Kontroverse seinen eigenen Standpunkt zu finden, d.h. die Ergänzungsbedürftigkeit wie auch -fähigkeit beider Verfahren aufzuzeigen.[2] Allerdings geriet er ganz schnell in des Teufels Küche, als er in den unterschiedlichen Institutionen auf seinem Weiterbildungsweg erkennen ließ, dass er sich auch für Theorie B interessiere, wenn dort Theorie A »Hausdogma« war – und umgekehrt!

Dass eine Teufelsküche so schnell entstehen konnte (unter doch leidlich aufgeklärten Zeitgenossen!), musste nach Meinung des Erstautors mit der jeweiligen wissenschaftlichen Sozialisation, d. h. Identität, der an diesem Konflikt Beteiligten zu tun haben.[3] Bei weiterer Betrachtung zeigte es sich dann aber auch, dass mit den unterschiedlichen Therapieverfahren nicht nur die wissenschaftliche Identität angesprochen bzw. in Frage gestellt war, sondern auch das den jeweiligen Therapieverfahren zugrunde liegende Menschenbild. Und mit dem Menschenbild steht im Zweifelsfalle unser gesamter Welt- und Lebensentwurf zur Disposition. Wir fühlen uns verunsichert, angegriffen, existenziell in Frage gestellt, was wir nur ungern mit uns geschehen lassen. Dementsprechend heftig ist unsere Reaktion.[4]

Die Aneignung, sehr oft eben auch die unreflektierte Übernahme eines bestimmten Menschen- bzw. Weltbildes bewirkt, dass wir das für normal, gut und richtig halten, was jeweils dazu gehört. Alles andere ist schlecht, falsch, untauglich. Jeder Ehekrieg, aber auch die gegenwärtigen brutalen ethnischen und religiösen Konflikte haben darin zumindest eine Teilursache.

Nun ist die in diesem Zusammenhang gleichfalls weltanschaulich geführte Auseinandersetzung darüber, ob die Gene oder die Gesellschaft den Menschen formen, nicht neu. Viele Themen – insbesondere aus der Medizin, Psychologie, Pädagogik – lassen diesen Streit immer wieder neu entbrennen. Ob Alkoholismus, Psychose, Kriminalität – mal herrscht die eine, mal die andere Ansicht vor. Derzeit scheinen wieder die Vertreter der genetischen Theorien im »Vormarsch« zu sein – wie auch die Diskussion um ADS zeigt. Der Vorteil dessen liegt sicherlich in der Entlastung betroffener Eltern von dem Vorwurf, dass sie »schuld« an dem Schicksal ihres Kindes seien. Der Nachteil liegt darin, dass präventive und salutogenetische Möglichkeiten sowie die *Möglichkeit* einer nichtgenetischen Determination gar nicht erst in den Betrachtungshorizont mit einbezogen werden.

Zudem ist ein gedanklicher Kurzschluss damit verknüpft, der vor allen Dingen in interessierten medizinischen Laienkreisen zu finden ist: Wenn ein Medikament bei einem Krankheitsbild so überzeugend wirkt, dann muss dieses doch körperlich, sprich – in diesem Fall – genetisch »bedingt« sein. Nicht gewusst und nur wenig publiziert wird, dass psychosoziale Erfahrungen nicht nur hirnfunktionell, sondern auch hirnanatomisch Veränderungen mit sich bringen. Man darf auch getrost vermuten, dass solche Untersuchungen seltener von der pharmazeutischen Industrie gefördert werden, als jene, die nachweisen, dass ein bestimmtes Medikament »wirkt«. Wenn es in dem Aufsatz »Unfallgefährdung bei Aufmerksamkeits- und Hyperaktivitätsstörung« im Deutschen Ärzteblatt vom 27.8. 2001 heißt, dass nahezu eine Million Kinder von dieser »genetisch determinierten« Krankheit betroffen seien und es geradezu Pflicht sei diesen – mit Medikamenten – weiterzuhelfen,[5] dann haben wir die »Schöne neue Welt« von Aldous Huxley bald erreicht: Und diese schöne neue Welt verspricht auch ein schönes neues Geschäft. »Von den 350.000 betroffenen Kindern in Deutschland werden, so Professor Dr. med. Hermann Schulte-Wissermann (Kinderklinikum, Krefeld) derzeit *nicht einmal* (Hervorhebung durch E.S.) ein Viertel entsprechend behandelt. In den USA dagegen seien es mittlerweile 80%.«[6] Geht man angesichts der unterschiedli-

chen Schätzungen, die in den beiden genannten Veröffent-
lichungen im »Deutschen Ärzteblatt« zwischen 350.000 und
einer knappen Million liegen, aus und verständigt sich auf eine Zahl von möglicherweise 500.000 »therapiepflichtigen«
Kinder, an die das Ritalin verfüttert werden müsste, dann ergeben sich schon erstaunliche Zahlen – wenn 80 % (also
400.000) davon wie in den Vereinigten Staaten das Ritalin
täglich einnehmen würden. Bei durchschnittlich zwei Tab-
letten täglich für je 50 Cent ergäbe sich ein monatlicher Umsatz von 12 Millionen Euro für die 400.000 Kinder. Angesichts solcher verlockenden Umsatzzahlen dürfte es dem
Ritalin-Hersteller Novartis nicht schwer gefallen sein, eine
Sondernummer der Zeitschrift »Kinderärztliche Praxis« zu
finanzieren. In dieser Sondernummer wurde aufgeführt, dass
»Kinder mit ADHS häufig Schulversager und im weiteren
Leben von Arbeitslosigkeit und Drogensucht, Delinquenz
und tödlichen Unfällen bedroht seien«[7].

Der steigende Umsatz von Ritalin schlägt sich auch in
veränderten Packungsgrößen nieder. Im Jahre 97 gab es nur
die 20er-Packung, jetzt ist auch schon eine 50er-Packung auf
dem Markt.

Mit dieser Kritik ist *nicht* gemeint, dass wir einem Kind
und einer Familie in solch einer Situation, wie sie Kapitel 1
geschildert wurde, nicht medikamentös helfen sollten. Gemeint ist damit vielmehr, dass wir über das nachdenken, was
sich in den letzten dreißig Jahren in unserer Gesellschaft so
entscheidend verändert und wahrscheinlich dazu mit bei-
getragen hat, dass ADS heute ein mehrfach größeres Problem
als vor dreißig Jahren ist. Die psychischen und sozialen Folgen dieser Veränderungen sollten wir nicht mit »soma« jed-
welcher Art beseitigen, sondern präventiv und salutogenetisch sinnvoll zu beeinflussen versuchen.

XIV
Nachdenken über den Struwwelpeter

»Alle Geschichten des ›Struwwelpeter‹ sind Geschichten der Kindheit.
Jeder also kennt die Gegebenheiten und Konflikte, und jeder weiß
beispielsweise um die lastende, immerwährend bewusste und unbewusste
Fragestellung des Kindes: ›Bin ich gut oder böse?‹ …

Von Beginn an wird der Leser verführt zu denken: ›Ich doch nicht‹ oder
›Gott sei Dank, dass ich nicht so bin wie er‹. Es erscheint als ein Glück,
dass er all das tut, was ich nicht tun soll, dass ihm all das geschieht, wovon
ich wünsche, dass es mir nicht geschehe oder zustoße. In Wahrheit ist all
das genauso in mir und kann mir genauso passieren wie ihm.«

Anita Eckstaedt

Der Autor des Struwwelpeter, der sehr erfolgreiche und
kreative Arzt Dr. Heinrich Hoffmann, der bis in sein 80. Lebensjahr eine Nervenklinik leitete, war nach alldem, was wir
über ihn wissen, ein gefährdetes Kind. Er hätte in der Tat
selbst eine Aufmerksamkeitsdefizit-Störung mit Hyperaktivität entwickeln können, vielleicht auch eine Magersucht, er
hätte Gewalttätigkeiten und Brandstiftungen produzieren
oder unaufmerksam in den Fluss fallen können …
Heinrich Hoffmann wurde als Siebenmonatskind geboren
und war so klein und schwächlich, dass ihm der Großvater
die sechs silbernen Patenlöffel verweigerte, da er dem Winz-
ling keine Chance gab, auch nur sechs Tage alt zu werden
(einen Löffel hält das Hasenkind in der Geschichte vom Jä-
gersmann triumphierend hoch: »Seht, ich habe überlebt«).
Als frühgeborenes Kind war es für Heinrich ungleich

schwieriger, all die Umweltreize und Einflüsse zu verarbei-
ten, die auf ihn zukamen. Über die Beziehung seiner leibli-
chen Mutter zu ihm wissen wir nicht viel, sie mag jedoch
große Ängste um ihn ausgestanden haben, die sie mit ihrem
Ehemann nicht teilen konnte. Dieser war sehr fürsorglich,
legte aber auch großen Wert auf »Haltung«, war sehr ver-
schlossen, legte auch später noch seinem lebhaft plappern-
den Heinrich Schweigeminuten während gemeinsamer Spa-
ziergänge auf, die von einer Wegmarkierung zur anderen
reichten. Die Mutter mag mit ihren Ängsten dann wohl sehr
einsam gewesen sein. Sie verstarb – man weiß nicht woran –,
als Heinrich knapp ein Jahr alt war. Drei Jahre später hei-
ratet der Vater die viel jüngere Schwester der Mutter. Diese
versorgte sehr aufmerksam und liebevoll den kleinen Heinrich. Aber für Gefühle wie Trauer scheint es keinen Ort gegeben zu haben. Heinrich selbst schrieb später, dass er sich
in seiner Kindheit sehr einsam gefühlt habe. Die Stiefmutter
taucht auch im Zappelphilipp auf. Zweimal wird von ihr erzählt, dass sie bei den Zappeleien des Philipp nur stumm auf
dem ganzen Tisch herumblickt.

Der gestrenge, emotional reservierte Vater begegnet uns
in dem Struwwelpeter als der Herr Doktor, der am Kran-
kenbett des Friederich steht und bittere Arznei verordnet,
oder als Nikolaus, der die ungehörigen Kinder ins Tintenfass
steckt, und auch als Schneider, der die Daumen abschneidet.
Dieser Vater hatte wenig Einfühlungsvermögen für das ver-
einsamte Kind.

Heinrich war ein gefährdetes Kind. Die Geschichten, von
denen er erzählt, hätten seine eigenen Geschichten werden
können. Er verfügte jedoch über so viel gesundheitsförderliche Ressourcen, dass ihm eben dieses Schicksal nicht wider-
fuhr, auch wenn die unverarbeitete Trauer ihn sein ganzes

Leben lang begleitete und ihm noch weitere Entfaltungsmöglichkeiten verstellte.

Anita Eckstaedt hat in ihrem brillanten Buch »›Der
Struwwelpeter‹. Dichtung und Deutung«[1] in der Familien-
geschichte und Biographie des Heinrich Hoffmann recher-
chiert und ihre Ergebnisse in eine Beziehung zu den Bildern
des Struwwelpeters gesetzt. Diese stehen sehr oft in einem
emotionalen Gegensatz zu dem belehrenden Text, drücken
vieles von dem aus, was den kleinen Heinrich Hoffmann bedrückt und bestürmt haben mag:

Heinrich Hoffmann zeichnete und schrieb den Struwwelpeter im Jahre 1844 für seinen damals dreijährigen Sohn als
Weihnachtsgeschenk. Seine Begründung war die, dass er
kein brauchbares Buch im Buchhandel für seinen Sohn gefunden habe. Aber das ursprüngliche Motiv waren vermutlich abgewehrte Erinnerungen, die in der Begegnung mit seinem heranwachsenden Kind reaktualisiert wurden. Bei den
Bildern handelt es sich sehr wahrscheinlich um bewusste
oder unbewusste Phantasien, Träume und Tagträume, sozusagen Überschwemmungsgebiete für Affekte, die über das
Flussufer treten konnten, ohne dass sie einen äußerlich er-
kennbaren Schaden anrichteten.

Die lebendige Phantasie des kleinen Heinrich Hoffmann,
sein nie enden wollendes Plappern, die (wenn auch sehr
strenge) musikalische Förderung stellten für ihn wesentliche
gesundheitsförderliche Ressourcen dar. Das Gleiche gilt,
wenn wir hören, dass der kleine Heinrich viel malte, in
Großmutters Garten matschte, grub, pflanzte, sich selbst
und seine Welt jenseits aller Dressur mit allen Sinnen erleb-
te.

Seine Impulsivität und Energie konnten in ein schöpferi-
sches Leben hineingeborgen werden.

Insofern ist die Lebensgeschichte des Struwwelpeter-
bzw. Zappelphilippvaters zugleich ein Beleg dafür, wie Prävention und Salutogenese im Hinblick auf ein ADS-gefähr-
detes Kind unverzichtbar sind und zugleich auch für das
Kind und dessen Eltern große Chancen eröffnen.

Danksagung

Kritische Lektüre des Gesamtmanuskripts, anregende Diskussion und ergänzende Hinweise verdanken wir Angelika Gärtner, Quakenbrück; Hans-Dieter Smekal, Theene/Aurich, sowie Ulrich Weiß, Lengerich/Westf.

Dank gilt auch Frau Anke Wittig, die mit freundlicher Geduld und Konzentration den Text in den Schreibcomputer einfütterte.

Anmerkungen

II
Am Anfang: Die vergessenen Fragen

1 Kanders, J. (2001): Hyperaktivitätsstörungen. Lehrer greifen in die Therapiehoheit ein. Kinder- und Jugendärzte kritisieren das Einnahmeverbot von Ritalin und Medikinet an einigen Schulen Deutschlands. *Deutsches Ärzteblatt, 98*, S. 1788.

2 Grützmacher, H. (2001): Unfallgefährdung bei Aufmerksamkeits- und Hyperaktivitätsstörung. *Deutsches Ärzteblatt, 98*, S. 1900.

3 Schiffer, E. (2001): Wie Gesundheit entsteht. Salutogenese: Schatzsuche statt Fehlerfahndung. Weinheim u. Basel: Beltz.

4 Lempp, R. (1967/1972): Eine Pathologie der psychischen Entwicklung. Bern, Stuttgart, Wien: Hans Huber (S. 90).

5 Lempp, R. (1964/70): Frühkindliche Hirnschädigung und Neurose. Die Bedeutung eines frühkindlichen exogenen Psychosyndroms für die Entstehung kindlicher Neurosen und milieureaktiver Verhaltensstörungen. Bern, Stuttgart, Wien: Hans Huber (S. 56).

6 Siehe hierzu auch das Kapitel »Jagd auf die Mutter« oder »Wer hat Schuld?« in Schiffer, E. (1993/2001): Warum Huckleberry Finn nicht süchtig wurde. Anstiftung gegen Sucht und Selbstzerstörung bei Kindern und Jugendlichen. Weinheim und Basel: Beltz.

7 Lempp, R. (1981): Kinder und das Fernsehen. *Psycho, 7*, S. 98–103.

III
Die Welt nicht mehr begreifen können: Lernstörungen bei Kindern

1 Manche Kinder mit einer konstitutionell überwiegenden Primärprozesshaftigkeit im Denken und Verhalten – Kinder mit einer so genannten »Rechtshirndominanz«, siehe auch bei Freed, J. & Parsons, L. (2001) – sind zumeist sehr kreative Kinder, bedürfen aber eines anderen pädagogischen Stiles als derzeit gepflegt wird (der für Kinder mit einer »Linkshirndominanz« sehr produktiv sein kann). Diese Kinder mit einer ausgeprägteren Primärprozesshaftigkeit bedürfen im Unterricht der Strukturhilfen, sich allein überlassen versinken sie im Chaos. Zudem bedürfen sie im häuslichen wie im schulischen Umfeld eines wahrnehmenden Dialoges, um die Verknüpfung zwischen Rechtshirn und Linkshirn zu fördern.

IV
Veränderte Kinderwelt

1 Voll, R., Allerhoff, W.-H. & Schmidt, M.H. (1983): Fernsehkonsum, Lesegewohnheiten und psychiatrische Auffälligkeiten bei achtjährigen Kindern. *Praxis der Kinderpsychologie und Kinderpsychiatrie, 32*, S. 193–199.

2 Schiffer, E. (1985): Patient Schule. *Evangelische Kommentare, 18*, S. 319–322.

3 Walter, R. & Remschmidt, H. (1994): Zum Bedarf an Psychotherapie im Schulalter. *Praxis der Kinderpsychologie und Kinderpsychiatrie, 43*, S. 223–229.

4 Angeführt nach Döpfner, M., Frölich, J. & Lehmkuhl, G. (2000): Hyperkinetische Störungen. Göttingen: Hogrefe.

5 Schiffer, E. (2001): Wie Gesundheit entsteht. Salutogenese: Schatzsuche statt Fehlerfahndung. Weinheim und Basel: Beltz.

6 Elschenbroich, D. (2001): Weltwissen der Siebenjährigen. Wie Kinder die Welt entdecken können. München: Kunstmann.

7 Beck, U. (1986): Risikogesellschaft. Auf dem Weg in eine andere Moderne. Frankfurt/M.: Suhrkamp.

8 Anita Eckstaedt (1998) beschreibt sehr schön, wie sich die einzelnen Geschichten der Struwwelpeter-Dichtung aus der Lebensgeschichte ihres Autors Heinrich Hoffmann herleiten lassen. »Malend und schreibend hat sich der Autor einst von bewegenden und bedrängenden Geschichten befreit. Die Nachwelt hat sich gesträubt, den Struwwelpeter zu sehen und zu verstehen, wie er wirklich ist.« Aber: »Alle Geschichten des ›Struwwelpeter‹ sind Geschichten aus der Kindheit. Jeder also kennt die Gegebenheiten und Konflikte, und jeder weiß beispielsweise um die lastende, immer während bewusste und unbewusste Fragestellung des Kindes: ›Bin ich gut oder böse?‹ und folglich: ›Liebst du mich, oder nicht?‹ Diese Frage wird hier unmittelbar mit ›dem entlastenden Ausruf zugunsten des Lesers und Zuhörers beantwortet: Nicht ich, sondern er! Er ist es, der schlimm, böse, ja, abscheulich ist.« U.E. erfolgt hier in der Annäherung an das verwerfliche »Böse« auch eine fiktive Revolte gegen das falsche Selbst, das heißt gegen die Gefügigkeit. Die umfangreiche Literatur zur Geschichte der Kindheit zeigt, wie sich der soziokulturelle Zusammenhang, innerhalb dessen Kindheit sich zu verschiedenen Zeiten entfaltete, einer ständigen Veränderung unterworfen ist. Kindheit ist keine Konstante im historischen Prozess. Wenn auch in der Entwicklung durch die Jahrhunderte – und spätestens seit der Aufklärung – Idealvorstellungen von einer humanen Kindheit bewusster reflektiert werden, so stehen dennoch in der modernen Industriegesellschaft bzw. in der Postmoderne die soziokulturellen Gegebenheiten immer noch in einer spannungsgeladenen Polarität zur Realisierbarkeit von zeitlich bereits vorgängig entwickelten Idealen einer gelingenden Kindheit.

9 Petra Wenzel im Vorwort zur deutschen Ausgabe von Freed, J. & Parsons, L. (2001).

10 Freed, J. & Parsons, L. (2001): Zappelphilipp und Störenfrieda lernen anders. Wie Eltern ihren hyperaktiven Kindern helfen können, die Schule zu meistern. Weinheim und Basel: Beltz.

11 Hartmann, T. (2000): Kein Platz für »Jäger«. ADS: Die neuen Untermenschen? In: T. Fitzner & W. Stark (Hrsg.), ADS: verstehen – akzeptieren – helfen. Das Aufmerksamkeitsdefizit-Syndrom mit Hyperaktivität und ohne Hyperaktivität. Weinheim und Basel: Beltz.

V
Auch psychosoziale Erfahrung beeinflusst den Transmitterstoffwechsel

1 Im Rahmen eines biopsychosozialen Modells (vergleiche Weiner, H. 1990; 1991 und Egger, J.W. 2001) wird der Mensch als Ganzheitlichkeit verstanden, die aber aus hierarchisch organisierten Subsystemen zusammengesetzt ist. Das geistige Geschehen ist zu den Stoffwechselprozessen des Nervensystems relativ *emergent*. Damit ist gemeint, dass geistige Phänomene von biochemischen und physiologischen Ereignissen bestimmt und erzeugt werden, dennoch von diesen unterscheidbar sind und nicht auf diese reduziert werden können. Diese Position nimmt zumindest der *emergente Materialismus* ein. Bei diesem handelt es sich um die gegenwärtig dominierende erkenntnistheoretische Grundposition. Geistige Phänomene entstünden aus der *Interaktion* von körperlichen Prozessen, und hätten gewissermaßen Wellen- oder Lichtcharakter. Siehe auch Linke, D. B. (2001). Der *materialistische Reduktionismus* als erkenntnistheoretische Grundposition der Annahme, dass die Gene gewissermaßen linearkausal menschliches Verhalten bestimmten, klammert die Frage der Emergenz aus. »Ausgerechnet jene Dimension des Menschseins, die uns vom Tier unterscheidet«, so Martin Altmeyer in der taz vom 1. Juni 2001.

2 Aldenhoff, J.B. (2000): Biologische Veränderungen bei der Psychotherapie der Depression. *Psychotherapie, Psychosomatik, Medizinische Psychologie, 50*, S. 415–419.

3 Braun, K. & Bogerts, B. (2000): Einfluss frühkindlicher Erfahrungs- und Lernprozesse auf die funktionelle Reifung des Gehirns. Relevanz für die Entstehung und Therapie psychischer Erkrankung. *Psychotherapie, Psychosomatik, Medizinische Psychologie, 50*, S. 420–427.

4 Krause, K.-H., Krause, J. & Trott, G.-E. (1998): Das hyperkinetische Syndrom (Aufmerksamkeitsdefizit-/Hyperaktivitätsstörung) des Erwachsenenalters. *Nervenarzt, 69*, S. 550.

5 »Es gibt für das weite Symptomspektrum des hyperkinetischen Syndroms keinen spezifischen und allgemein akzeptierten Erklärungsansatz. Man geht von einer multifaktoriellen Ätiologie aus, wobei über die Wertigkeit der einzelnen Faktoren unterschiedliche Meinungen be-

stehen. Es wird vermutet, dass auf dem Boden einer biologischen Vulnerabilität psychologische Faktoren den Verlauf der Störung wesentlich beeinflussen. Ein weiterer Hinweis auf die Bedeutung sozialer Faktoren ist darin zu sehen, dass sich die hyperkinetische Symptomatik in wechselnden Situationen drastisch ändern kann. Diese psychosozialen Umweltbedingungen werden in der Diagnostik häufig unterschätzt.« Behnisch, A. & Arndt, R. (2001): Hyperkinetische Störungen. *Nervenheilkunde, 20*, S. 265–270.

6 Angeführt nach Freed, J. & Parsons L. (2001), S. 34.

7 Rudolf, G. (2001): Vorbild Amerika? Entwicklung in der Medizin zwischen Brain, Mind und Money. *Psychotherapie, Psychosomatik, Medizinische Psychologie, 51*, S. 190–192.

8 Rudolf, G. (2001): a.a.O.

9 Manfred Spitzer kommentiert zwei große Kongresse, die in Lindau bzw. in New Orleans im April bzw. Mai 2001 stattfanden. In Lindau hieß das Thema »Neurobiologie und Psychotherapie«, in New Orleans »Mind Meets Brain«. Und »was noch vor wenigen Jahren für unmöglich gehalten wurde, war blanke Selbstverständlichkeit: Psychotherapeuten und Neurowissenschaftler diskutierten über die neurobiologischen Grundlagen psychotherapeutischen Handelns, über Willensfreiheit, Bewusstsein, Emotionalität und Motivation und vor allem darüber, wie Lernen und Veränderungen möglich gemacht und verbessert werden können (...) Als Fazit beider Treffen lässt sich festhalten: Wer noch immer nicht begriffen hat, dass es in der Psychiatrie um Moleküle *und* mentale Zustände, um Axone *und* Aggressionen, um Sympathien *und* Synapsen, um Mikroglia *und* Mütter, um Gene *und* Gespräche, kurz um Gehirn und Geist geht, der hat die Entwicklungen der vergangenen zehn Jahre gründlich verschlafen«. Spitzer, M. (2001): Lindau und New Orleans ... oder: gemeinsam ist besser als gegeneinander. *Nervenheilkunde, 20*, S. 252–254.

VI
Hören, sprechen und sehen können

1 Krause, J. (2000): So sind sie! Erscheinungsbild und Behandlung Erwachsener mit ADS. In: T. Fitzner & W. Stark (Hrsg.), ADS: verstehen – akzeptieren – helfen. Das Aufmerksamkeitsdefizit-Syndrom mit Hyperaktivität und ohne Hyperaktivität. Weinheim und Basel: Beltz.

2 Die hier vereinfacht vorgestellten hirnbiologischen Hypothesen sind Teile eines äußerst komplexen Ganzen. Sie sollen *modellhaft* verdeutlichen, wie man sich neurobiologische Prozesse, Erleben und Verhalten »zusammendenken« *kann*. Zur paradoxen Wirksamkeit von Stimulanzien bei Übererregung sowie die damit verknüpften möglichen negativen Folgen hat G. Hüther (2002) in jüngster Zeit eine überzeugende These formuliert.

3 Kraft, I. (2000): Da ist Damp(f) dahinter – Vom Umgang mit ADS in der dänischen Schulpsychologie. In: T. Fitzner & W. Stark (Hrsg.), ADS: verstehen – akzeptieren – helfen. Das Aufmerksamkeitsdefizit-Syndrom mit Hyperaktivität und ohne Hyperaktivität. Weinheim und Basel: Beltz.

4 Linke, D.B. (2001): Kunst und Gehirn. Die Eroberung des Unsichtbaren. Reinbek: Rowohlt Taschenbuch. S. 60.

5 Und allgemein gilt, »dass (durch) die Rücknahme der Fülle der Bilder im kognitiven Raum die Erfahrung (…) der grundlegenden Gebote des menschlichen Zusammenlebens leichter ermöglicht wird, dass dann auf dieser Basis die Fülle des Lebens gewonnen werden kann, die aus Bildern und Handlungen und in Spezialfällen auch aus der besonderen Beschäftigung mit Bildern bestehen kann« – so Linke, D.B. (2001, S. 97).

6 Und wenn W. Bion – angeführt nach Hamburger (1999) – vom Tagtraum der Mutter spricht, über den sie die Phantasie des Kindes transformiert zurückspiegelt und damit dem Kind hilft, eine Struktur zu entfalten, dann ist dieser (Tagtraum) sehr in der Nähe der regressiven »Ein-Stimmung«, die zuhörendes Kind und erzählenden Erwachsenen erfasst, angesiedelt. Zugleich entfaltet sich in dieser Situation die Container-Funktion der Mutter (Bion), über die die schädlichen Affekte des Kindes »entgiftet« werden. Die heftigen negativen Affekte stellen

wie die Außenreize bei dem »Hyperarousal« eine gefürchtete Erregungsquelle dar.

7 Schiffer, E. (1997): S. 209.
8 Döpfner, M., Frölich, J. & Lehmkuhl, G. (2000): Hyperkinetische Störungen. Göttingen: Hogrefe.
9 Lindgren, A. (1977): Das entschwundene Land. Hamburg: Oetinger.
10 Neue Osnabrücker Zeitung vom 3.12.2001.

VII
Verschollen in Utopia

1 Bloch, E. (1979): Das Prinzip Hoffnung. Frankfurt: Suhrkamp.

VIII
Gesehen werden und sehen können

1 Wasserzieher, E. (1974): Woher? Ableitendes Wörterbuch der deutschen Sprache. Bonn: Ferdinand Dümmler.

IX
Ästhetische Erziehung: Auch der Weg ist das Ziel

1 Gadamer, H.-G. (1993).
2 »Es zeigt sich von Kindheit an, und der Mensch unterscheidet sich dadurch von den übrigen Lebewesen, dass er in besonderem Maße zur Nachahmung befähigt ist und seine ersten Kenntnisse durch Nachahmung erwirbt.« So heißt es bei Aristoteles in seiner Poetik im vierten Kapitel. Die Poetik selbst diente als akroamatische Schrift nur für den Binnengebrauch an der Schule, der Aristoteles vorstand, gewissermaßen als Gedächtnisstütze für weitere Überlegungen. Sie war, so gesehen, nicht für den öffentlichen Gebrauch gedacht. Insofern ergeben

sich heute etliche Probleme im Verständnis, die durch Ungenauigkeiten in der Überlieferung und Verlust von Textstücken noch verschärft wurden. Der Begriff »mimesis« changiert schon in seiner Bedeutung in der Poetik und ist mitunter dem platonischen Verständnis sehr nahe, dann wiederum heißt es, dass auch real Unmögliches zur Darstellung gehören könne, wenn dadurch die innere Stimmigkeit des Werkes verdeutlicht und die Evidenz der Wahrnehmung gefördert werde. Dies deckt sich mit der These, dass Filme wie »Das Leben ist schön« mit einer frei erfundenen Handlung mehr Wahrheit über die Entsetzlichkeit des Nationalsozialismus vermitteln als auf so genannte Fakten reduzierte Geschichtsbücher.

3 Gadamer, H.-G., a.a.O., S. 32.
4 Gadamer, H.-G., a a.O., S. 32.
5 Gadamer, H.-G., a.a.O., S. 32ff.
6 So war es auch gar nicht verwunderlich, dass gerade dieses Bild im Rahmen einer Ausstellung von Schülerarbeiten in der »Arche« des Christlichen Krankenhauses im April 2001 die Besucher mit am meisten ansprach.
7 Linke, D. B. (2001), a.a.O., S. 227.

X
»Wer nicht gewinnt, verliert«

1 Schiffer, E. (1997/2001): Der Kleine Prinz in Las Vegas. Mit spielerischer Intelligenz den Herausforderungen unserer Zeit begegnen. Weinheim und Basel: Beltz.
2 Moltmann, J. (1994): Die Flügel nicht stutzen. Warum wir Utopien brauchen. Düsseldorf: Patmos.
3 Sennett, R. (1998): Der flexible Mensch. Die Kultur des neuen Kapitalismus. Berlin: Berlin-Verlag.
4 Siehe auch bei Sennett, R., a.a.O.
5 Marcuse, H. (1967): Der eindimensionale Mensch. Studien zur Ideologie der fortgeschrittenen Industriegesellschaft. Darmstadt: Luchterhand.

XI
Spiele ohne Sieger

1 Siehe Schiffer, E. (1997).

2 Hüther, G. (1998, S. 53). Hüther kommt offensichtlich in seinem brillant geschriebenen Buch »Biologie der Angst. Wie aus Stress Gefühle werden« aus psychoneuroendokrinologischer Sicht ohne das Konstrukt Bindungsstreben aus. Das in Polarität zum Bindungsstreben stehende Autonomiestreben wäre dann Folge der Angstverminderung durch das Erleben eigener Kompetenz. Wie weit ein solches reduktionistisches Prinzip einem ausdifferenzierten Motivationssystem gerecht wird, sei dahingestellt. Verblüffend ist jedoch seine Parallelität zu Michael Balints Antagonismus »Oknophilie-Philobathie«. (Siehe hierzu auch das Kapitel »Vom Klammern und Springen« in: Schiffer, E. [1997].)

3 Elschenbroich, D. (2000): Weltwissen der Siebenjährigen. Wie Kinder die Welt entdecken können. München: Kunstmann. S. 68.

4 Schiffer, E. (2001): Wie Gesundheit entsteht. Salutogenese: Schatzsuche statt Fehlerfahrung. Weinheim und Basel: Beltz.

5 Elschenbroich, D. (2000): a.a.O., S. 68–76.

6 Siehe hierzu auch das Kapitel »Identität und Fairplay als Dialog« in Schiffer, E. (2001), a.a.O.

7 Wallrabenstein, W. (2001): Szenen spielen – mit Szenen lernen. *Die Grundschulzeitschrift, Nr. 146*, S. 7–8.

8 Wallrabenstein, W. (2001): a.a.O.

9 Wallrabenstein, W. (2001): a.a.O.

10 Dornes, M. (1993): Der kompetente Säugling. Die präverbale Entwicklung des Menschen. Frankfurt/M.: Fischer. S. 39.

11 Milch, W. (2000): Kleinkindforschung und psychosomatische Störungen. *Psychotherapeut, 45*, S. 18–24.

12 Dornes, M. (1993): a.a.O., S. 92.

13 Dornes, M. (1993): a.a.O., S. 80f. Vorgängig ist dem verbalen Selbstempfinden nach Stern die Phase des subjektiven Selbstempfindens zwischen neun bis achtzehn Monaten. Kinder dieses Alters merken, dass es andere seelische Befindlichkeiten als die eigenen gibt.

14 Wallrabenstein, W.: a.a.O.

15 Wallrabenstein, W.: a.a.O.

16 Johnstone, K. (2000): Improvisation und Theater. Die Kunst, spontan und kreativ zu agieren. Berlin: Alexander-Verlag.
17 Wasserzier, E. (1974): Woher? Ableitendes Wörterbuch der deutschen Sprache. Bonn: Ferdinand Dümmler.

XII
Gegen-Bewegung auch im Kinderzimmer und in der weiteren Lebenswelt des Kindes

1 Schiffer, E. (1990): Der entfremdete Hunger, Basel/Baunatal: Recom.
2 Siehe hierzu auch Kapitel 9 in Schiffer, E. (1997/2001): Der kleine Prinz in Las Vegas. Mit spielerischer Intelligenz den Herausforderungen unserer Zeit begegnen. Weinheim und Basel: Beltz, und Kapitel 6 in Schiffer, E. (2001): Wie Gesundheit entsteht. Salutogenese: Schatzsuche statt Fehlerfahndung. Weinheim und Basel: Beltz; weiterhin: Freed, J. & Parsons, L. (2001): Zappelphilipp und Störenfrieda lernen anders. Wie Eltern ihren hyperaktiven Kindern helfen können, die Schule zu meistern. Weinheim und Basel: Beltz.
3 Schiffer, H. & Schiffer, E. (1982): Die Welt nicht mehr begreifen können. *Evangelische Kommentare, 15*, S. 385–387; Kapitel 23 unter Mitarbeit von Heidrun Schiffer in Schiffer, E. (1990).
4 Kanders, J. (2001): Hyperaktivitätsstörungen. Lehrer greifen in die Therapiehoheit ein. Kinder- und Jugendärzte kritisieren das Einnahmeverbot von Ritalin und Medikinet an einigen Schulen Deutschlands. *Deutsches Ärzteblatt, 98*, S. 1788.
5 Schubert, E. (1998): »Spielzeugfreier Kindergarten« – ein Projekt zur Suchtprävention für Kinder und mit Kindern in: Europäische Woche der Suchtprävention, Tagungsband zur Enquete vom 19.–20. November 1998. Hrsg.: Informationsstelle für Suchtprävention der Stadt Wien, S. 19–21. Anschrift der Referentin: Elke Schubert, Dipl.-Sozialpädagogin, Landratsamt Weilheim/Schongau, Abteilung Gesundheitsamt – Suchtprävention, Oberer Graben 6, 82362 Weilheim.
6 Schubert, E. (1998): a.a.O.
7 Schubert, E. (1998): a.a.O.
8 Schubert, E. (1998): a.a.O.

9 ABA Fachverband, Offene Arbeit mit Kindern e.V., Postfach 160, 44331 Dortmund.
10 SpielLandschaftStadt e.V., Horner Heerstraße 19, 28359 Bremen.
11 Besonders gefreut haben wir uns darüber, dass die in privater Trägerschaft stehende Jugendwerkstatt »Eigen-Sinn« in Freudenstadt, deren Konzept ausdrücklich mit unseren Überlegungen in Verbindung gebracht wird, den zweiten Preis für Prävention im Jahre 2000 durch das Land Baden-Württemberg erhielt.
12 Engler, Ch. (2000): Erlebnispädagogische Aspekte in der offenen Arbeit mit Kindern. *Der Nagelkopf – ABA Fachverband Offene Arbeit mit Kindern und Jugendlichen e.V., Nr. 25*, S. 33–49.
Viele weitere überzeugende Beispiele für Offene Arbeit mit Kindern sind in Nagelkopf 26 (2001) zu finden.
13 Engler, Ch. (2000): a.a.O.

XIII
»Es erhub sich ein Streit ...

1 In: Mannheimer Forum 74/75. Ein Panorama der Naturwissenschaften zusammengestellt von Hoimar v. Ditfurth, erschienen in der Studienreihe »Boehringer Mannheim«.
2 Schiffer, E. & Schlarmann-Korte, A. (1980): Überlegungen zur Integration lerntheoretischer und tiefenpsychologischer Therapieformen. *Psychotherapie, Psychosomatik, Medizinische Psychologie, 30*, S. 113–120.
3 Schiffer, E. & Süsske, R. (1982): Der Therapeut als Opfer und Agent wissenschaftlicher Verhältnisse. *Psyche, 36*, S. 726–732.
4 Anhand der von Odo Marquard (1987, S. 54f.) entliehenen Unterscheidung zwischen Triebnatur und Kontrollnatur – Triebnatur als dem von Nietzsche geprägten Hintergrund der Tiefenpsychologie und Kontrollnatur als dem Hintergrund der Lernpsychologie – wird dieses Thema in Kapitel 20 von Schiffer, E. (1990): Der entfremdete Hunger. Weltzerstörende Unersättlichkeit als verzweifelte Suche nach Sinn und Geborgenheit. Basal, Baunatal: Recom, weiter ausgeführt.
5 Kanders, J. (2001): a.a.O.
6 Grützmacher, H. (2001): a.a.O.

7 Zit. n. Stratenwerth, I. (2001): Liebsein auf Rezept. Die WOCHE 31.8.2001. S. 29.

XIV
Nachdenken über den Struwwelpeter

1 Eckstaedt, A. (1998): »Der Struwwelpeter«. Dichtung und Deutung. Frankfurt/M.: Suhrkamp.

Literaturverzeichnis

Aldenhoff, J.B. (2000): Biologische Veränderungen bei der Psychotherapie der Depression. *Psychotherapie, Psychosomatik, Medizinische Psychologie, 50,* S. 415–419.

Beck, U. (1986): Risikogesellschaft. Auf dem Weg in eine andere Moderne. Frankfurt/M.: Suhrkamp.

Behnisch, A. & Arndt, R. (2001): Hyperkinetische Störungen. *Nervenheilkunde, 20,* S. 265–270.

Bloch, E. (1979): Das Prinzip Hoffnung. Frankfurt: Suhrkamp.

Braun, K. & Bogerts, B. (2000): Einfluss frühkindlicher Erfahrungs- und Lernprozesse auf die funktionelle Reifung des Gehirns. Relevanz für die Entstehung und Therapie psychischer Erkrankung. *Psychotherapie, Psychosomatik, Medizinische Psychologie, 50,* S. 420–427.

Döpfner, M., Frölich, J. & Lehmkuhl, G. (2000): Hyperkinetische Störungen. Göttingen: Hogrefe.

Dornes, M. (1993): Der kompetente Säugling. Die präverbale Entwicklung des Menschen. Frankfurt/M.: Fischer.

Eckstaedt, A. (1998): »Der Struwwelpeter«. Dichtung und Deutung. Frankfurt/M.: Suhrkamp.

Egger, J. W. (2001): Der biopsychosoziale Krankheitsbegriff in der Praxis. Simultandiagnostik in der Verhaltensmedizin. *Psychotherapeut, 46,* S. 309–316.

Elschenbroich, D. (2000): Weltwissen der Siebenjährigen. Wie Kinder die Welt entdecken können. München: Kunstmann.

Engler, Ch. (2000): Erlebnispädagogische Aspekte in der offenen Arbeit mit Kindern. *Der Nagelkopf – ABA Fachverband Offene Arbeit mit Kindern und Jugendlichen E.V., 25,* S. 33–49.

Fitzner, T. & W. Stark, Hrsg. (2000): ADS: verstehen – akzeptieren – helfen. Das Aufmerksamkeitsdefizit-Syndrom mit Hyperaktivität und ohne Hyperaktivität. Weinheim und Basel: Beltz.

Freed, J. & Parsons, L. (2001): Zappelphilipp und Störenfrieda lernen anders. Wie Eltern ihren hyperaktiven Kindern helfen können, die Schule zu meistern. Weinheim und Basel: Beltz.

Gadamer, H.-G. (1993): Gesammelte Werke 8, Ästhetik und Poetik I. Tübingen: I.C.B. Mohr.

Grützmacher, H. (2001): Unfallgefährdung bei Aufmerksamkeits- und Hyperaktivitätsstörung. *Deutsches Ärzteblatt, 98*, S. 1898–1900.

Hamburger, A. (1999): Traum und Sprache. In: Deserno, H. (Hrsg.), Das Jahrhundert der Traumdeutung. Perspektiven psychoanalytischer Traumdeutung. Stuttgart: Klett-Cotta.

Hüther, G. (1998): Biologie der Angst. Wie aus Stress Gefühle werden. Göttingen: Vandenhoeck & Rupprecht.

Hüther, G. und Bonney, H. (2002): Neues vom Zappelphilipp. ADS: Verstehen, vorbeugen und behandeln. Düsseldorf und Zürich: Walter Verlag.

Huxley, A. (1953/1981): Schöne neue Welt. Frankfurt/M.: Fischer.

Johnstone, K. (2000): Improvisation und Theater. Die Kunst, spontan und kreativ zu agieren. Berlin: Alexander-Verlag.

Kanders, J. (2001): Hyperaktivitätsstörungen. Lehrer greifen in die Therapiehoheit ein. Kinder- und Jugendärzte kritisieren das Einnahmeverbot von Ritalin und Medikinet an einigen Schulen Deutschlands. *Deutsches Ärzteblatt, 98*, S. 1788.

Kraft, I. (2000): Das ist Damp(f) dahinter – Vom Umgang mit ADS in der dänischen Schulpsychologie. In: T. Fitzner & W. Stark (Hrsg.), ADS: verstehen – akzeptieren – helfen. Das Aufmerksamkeitsdefizit-Syndrom mit Hyperaktivität und ohne Hyperaktivität. Weinheim und Basel: Beltz.

Krause, K.-H., Krause, J. & Trott, G.-E. (1998): Das hyperkinetische Syndrom (Aufmerksamkeitsdefizit-/Hyperaktivitätsstörung) des Erwachsenenalters. *Nervenarzt, 69*, S. 543–556.

Lempp, R. (1964/70): Frühkindliche Hirnschädigung und Neurose. Die Bedeutung eines frühkindlichen Psychosyndroms für die Entstehung kinderlicher Neurosen und milieureaktiver Verhaltensstörungen. Bern, Stuttgart, Wien: Hans Huber.

Lempp, R. (1967/1972): Eine Pathologie der psychischen Entwicklung. Bern, Stuttgart, Wien: Hans Huber.

Lempp. R. (1981): Kinder und das Fernsehen. *Psycho, 7*, S. 98–103.

Lindgren, A. (1977): Das entschwundene Land. Hamburg: Oetinger.

Linke, D.B. (2001): Kunst und Gehirn. Die Eroberung des Unsichtbaren. Reinbek: Rowohlt Taschenbuch.

Marquard, O. (1987): Transzendentaler Idealismus – romantische Naturphilosophie – Psychoanalyse. Köln: Verlag für Philosophie.

Milch, W. (2000): Kleinkindforschung und psychosomatische Störungen. *Psychotherapeut, 45*, S. 18–24.

Mitscherlich, A. & Rosenkötter, L. (1974/75): Hans Jürgen Eysenck oder die Fiktion der reinen Wissenschaft. In: H.v. Ditfurth (Hrsg.), Mannheimer Forum 74/75. Mannheim: Boehringer GmbH.

Moltmann, J. u.a. (1994): Die Flügel nicht stutzen. Warum wir Utopien brauchen. Düsseldorf: Patmos.

Nenning, G. (1994): Auf den Klippen des Chaos. Neue Utopien?. In: Moltmann, J. u.a.: Die Flügel nicht stutzen. Warum wir Utopien brauchen. Düsseldorf: Patmos.

Pott, H. G. (1980): Die schöne Freiheit. Eine Interpretation zu Schillers Schrift »Über die ästhetische Erziehung des Menschen«. München: Fink.

Rudolf, G. (2001): Vorbild Amerika? Entwicklung in der Medizin zwischen Brain, Mind und Money. *Psychotherapie, Psychosomatik, Medizinische Psychologie, 51*, S. 190–192.

Schiffer, E. & Schlarmann-Korte, A. (1980): Überlegungen zur Integration lerntheoretischer und tiefenpsychologischer Therapieformen. *Psychotherapie, Psychosomatik, Medizinische Psychologie, 30*, S. 113–120.

Schiffer, E. & Süßke, R. (1982): Der Therapeut als Opfer und Agent wissenschaftlicher Verhältnisse. *Psyche, 36*, S. 726–732.

Schiffer, H. & Schiffer, E. (1982): Die Welt nicht mehr begreifen können. *Evangelische Kommentare, 15*, S. 385–387.

Schiffer, E. (1985): Patient Schule. *Evangelische Kommentare, 18*, S. 319–322.

Schiffer, E. (1990): Der entfremdete Hunger, Basel/Baunatal: Recom.

Schiffer, E. (1993/1999): Warum Huckleberry Finn nicht süchtig wurde. Weinheim und Basel: Beltz.

Schiffer, E. (1997/2001): Der Kleine Prinz in Las Vegas. Mit spielerischer Intelligenz den Herausforderungen unserer Zeit begegnen. Weinheim und Basel: Beltz.

Schiffer, E. (2001): Wie Gesundheit entsteht. Salutogenese: Schatzsuche statt Fehlerfahndung. Weinheim u. Basel: Beltz.

Schubert, E. (1998): »Spielzeugfreier Kindergarten« – Projekt zur Suchtprävention für Kinder und mit Kindern. In: Europäische Woche der

Suchtprävention, Tagungsband zur Enquete vom 19.–20. November 1998. Hrsg.: Informationsstelle für Suchtpädagogik der Stadt Wien, S. 19–21.

Sennet, R. (1998): Der flexible Mensch. Die Kultur des neuen Kapitalismus. Berlin: Berlin Verlag.

Spitzer, M. (2001): Lindau und New Orleans ... oder: gemeinsam ist besser als gegeneinander. *Nervenheilkunde, 20*, S. 252–254.

Voll, R., Aldenhoff W.-H. & Schmidt M.H. (1993): Fernsehkonsum, Lesegewohnheiten und psychiatrische Auffälligkeiten bei achtjährigen Kindern. *Praxis der Kinderpsychologie und Kinderpsychiatrie, 32*, S. 193–199.

Wallrabenstein, W. (2001): Szenen spielen – mit Szenen lernen. *Die Grundschulzeitschrift, 146*, S. 7–8.

Walter, R. & Remschmidt, H. (1994): Zum Bedarf an Psychotherapie im Schulalter. *Praxis der Kinderpsychologie und Kinderpsychiatrie, 43*, S. 223–229.

Wasserzieher, E. (1974): Woher? Ableitendes Wörterbuch der deutschen Sprache. Bonn: Ferdinand Dümmler.

Weiner, H. (1990): Auf dem Weg zu einem integrierten biomedizinischen Modell: Folgerungen für die Therapie der Psychosomatischen Medizin. *Psychotherapie, Psychosomatik, Medizinische Psychologie, 40*, S. 81–101.

Weiner, H. (1991): Der Organismus als leib-seelische Funktionseinheit – Folgerungen für eine Psychosomatische Medizin. *Psychotherapie, Psychosomatik, Medizinische Psychologie, 41*, S. 465–481.

Vom gesunden Eigen-Sinn

Eckhard Schiffer entwirft ein schlüssiges Konzept zur Suchtvorbeugung bei Kindern und Jugendlichen. Wenn Huckleberry Finn nicht süchtig wurde, dann deswegen, weil er seine Träume und Sehnsüchte bereits als Kind konkret ausgelebt hat. Vielen Kindern und Jugendlichen fehlen diese Möglichkeiten. Wie sie sich schaffen lassen, davon schreibt der Psychotherapeut und Arzt und nennt konkrete Möglichkeiten der Suchtvorbeugung. Anhand von Krankengeschichten werden darüber hinaus die vielfältigen Momente sichtbar, die Sucht entstehen lassen.

Die Basler Zeitung schrieb über dieses Standardwerk der Suchtvorbeugung: »Der Autor hat eine Theorie, die so einleuchtend ist, daß wir sie alle schon zu kennen glauben. Er fordert für Kinder und Jugendliche Freiräume ohne krankmachende Normen, Regeln und Anpassungsdruck, in denen die Phantasiekräfte sich zu entfalten, Gemütskräfte sich zu entwickeln vermögen ... Wer das Prinzip begriffen hat, hat schon beinahe alles begriffen. Im Grunde ist es ganz einfach.«

Eckhard Schiffer
Warum Huckleberry Finn nicht süchtig wurde
Anstiftung gegen Sucht und Selbstzerstörung
bei Kindern und Jugendlichen
Mit Illustrationen von Alexander Pey
Beltz Taschenbuch 4, 152 Seiten
ISBN 3 407 22004 9

BELTZ
Taschenbuch